무용통합 예술교육

21세기형 다빈치를 만든다

무용통합 예술교육

21세기형 다빈치를 만든다

—

인쇄 2016년 3월 25일 1판 1쇄 **발행** 2016년 3월 31일 1판 1쇄

지은이 진수영 **펴낸이** 강찬석 **펴낸곳** 도서출판 나노미디어 **주소** (150-838) 서울시 영등포구 도신로51길 4
전화 02-703-7507 **팩스** 02-703-7508 **등록** 제8-257호

정가 12,000원

—

이 도서의 국립중앙도서관 출판예정도서목록(CIP)은 서지정보유통지원시스템 홈페이지(http://seoji.nl.go.kr)와
국가자료공동목록시스템(http://www.nl.go.kr/kolisnet)에서 이용하실 수 있습니다.
CIP제어번호: CIP2016004549

—

ISBN 978-89-89292-55-5 03680

무용통합 예술교육

21세기형 다빈치를 만든다

진 수 영 지음

Nano 나노
Media 미디어

예술로 꿈꾸는
시간을 함께하며

누구나 예술가가 될 수 있다는 믿음에서 시작된 예술교육. 어쩌면 이 교육을 통해 성장한 것은 아이들뿐만이 아닐 것입니다. 다년간 진행되어 온 교육 사업을 돌아보며 우리도 많이 단단해지고 깊어졌음을 느낄 수 있었습니다. 아이들의 마음속에 감춰진 예술가로서의 잠재력은 쉽게 짐작할 수 없을 만큼 맑고 순수한 것이어서 그 재능을 똑바로 보아주고 인정해주는 것만으로도 아이들은 자신이 가진 무한한 가능성의 싹을 틔울 수 있었습니다.

여러 곳에서 친구들과 선생님들을 만나면서 다양한 주제로 자연 속 이미지를 도출하고 이야기를 만들어 가는 과정을 통해 아이들은 친구들과의 공동 작업을 경험해 보았습니다. 그리고 그 안에서 친구와 소통하고 관계를 맺어 가는 공동체 의식을 배울 수 있었습니다. 명화를 감상하고 그림 속 뒷이야기를 상상하여 작품에 대한 새로운 해석을 내려보는 시간이 있었고, 새로운 발상과 상상력으로 기존의 평가와 해석을 뒤집어 보기도 했습니다. 이러한 과정을 통해 아이들은 자신의 내면을 넘어 타인을 관찰하고 이해해봄으로써 다양한 상황에 따른 감정의 변화와 표현법을 익힐 수 있었습니다. 자신의 일상에서 내면으로 그리고 내면에서 타인으로, 표현 대상의 범위를 확대하고 변경해 보면서 우리는 주변의 환경이나 인물이 얼마나 유기적으로 연결되어 있으며 공동체 속 스스로의 역할에 대해 다시 한 번 생각해 볼 수 있었습니다.

예술이 중심이 되는 교육 속에서 참여자들은 스스로의 가치와 가능성에 대해 되새겨 볼 수 있었으며 앞으로의 활동에 있어서도 자신감을 갖고 시도해볼

수 있는 용기를 얻었을 것입니다. 무엇보다 그들은 자신이 만들어 낸 결과물이 아름답기 위해서는 그것을 이루어내기 위해 노력했던 과정이 더욱 중요하다는 것을 배웠을 것입니다. 그렇다면 저희도 안심입니다. 단순히 성과를 만들어 내기 위한 기술이 아니라 스스로 생각하고 창조해내기 위해 고민하는 것 그리고 예술 안에서 자유롭게 표현하는 것이 우리 교육의 목표이기 때문입니다.

무용기반의 통합예술교육을 통해 우리의 일상을 예술적 사고로 다시 바라볼 수 있게 하고 자신의 의지로 삶을 보다 풍요롭게 만드는 주체적 문화인으로 성장하게 하고자 다양한 프로그램을 만들어 함께 노력해왔습니다. 이러한 우리들의 노력을 여러분들과 함께 나누고자 합니다. 저희의 힘만으로는 어려워 학교를 찾아가 꿈꾸는 놀이터 "다락방"이라는 이름으로 선생님들을 만나고 교사 동아리활동을 통해 저희가 조금씩 쌓아온 노하우를 나누고자 하였으나 시간적 제한으로 많이 부족하였습니다. 아직은 미흡하지만 조심스럽게 그동안의 이야기를 모아 이 책을 펴내기로 하였습니다. 작지만 우리의 이야기를 통해 곳곳에 문화예술로 가꾸어진 행복한 놀이터가 많이 생겨나길 바라며 용기를 내보았습니다.

　도대체 예술교육이란 무엇이기에 이렇게도 중요하게 다뤄지는 것인지, 아이들의 잠재력을 깨우기 위한 교육 방법에는 어떤 것이 있는지, 교사와 아이들이 상호 소통을 하기 위해서 어떤 노력들을 해야 하는지 우리가 겪었던 이 숙제 같은 궁금증들을 여러분들과 나누고자 합니다.

　프로그램 내용을 되짚어 보고 다듬으면서 함께한 시간 동안 쌓아온 신뢰만큼이나 꽤 많은 교육 콘텐츠들이 축적되어 있었음을 알 수 있었습니다. 지난 수업들을 추억해 보면서 시계가 거꾸로 흐르는 것 같은 기분이 들기도 했습니다. 지역 문화예술 발전과 프로그램 개발에 함께 해준 청평문화예술학교 선생님들과 Art Stage − 다올 단원분들에게 깊은 감사를 드립니다.

ART STAGE 다올
청평문화예술학교

대표　진수영

7

차 례

살금살금 다가가 나만의 꽃을 피워 볼까

몸으로 말해요·······57

11

현장 풍경

일상에서의 예술

아이들은 일상 속에서 자신만의 성장 속도와 발전 과정을 가진다. 어떤 아이들은 창의활동을 통해 자신에게 내재되어 있던 가능성과 소질을 발견할 것이고, 또 어떤 아이들은 타인과의 협업 작업을 통해 공동체라는 것을 인식하게 되어 소통하고 포용하는 법을 배울 것이다.

아이들이 처음부터 예술활동에 적극적이고 수월하게 수업에 참여할 것이라는 기대감은 버리고 시작해야 한다. 아이들에게도 우리의 교육이 자신에게 익숙해질 시간이 필요하다. 아이들의 수용 속도를 고려하지 못한 수업은 오히려 신체적·정신적 불편함만 주게 된다. 과제와 목표가 주어졌을 때 아이들은 또래들 틈에서 그것의 가능 여부를 가늠해본다. 그리고 직접 체험해봄으로써 자기 능력에 대한 가능성을 깨닫고 스스로에게 동기를 부여한다. 이러한 과정 속에서 목표에 대한 확신과 집중력을 높일 수 있게 되며 비로소 우리가 목표하는 주체적이고 자발적인 예술활동을 하게 된다. 예술교육을 통해 신체적 활동과 정서적 안정을 추구하고 상상력을 키움으로써 공감·인지 능력을 높이는 것이다.

예술적 활동이란 것이 바쁘고 팍팍한 삶과는 별개의 문제로 느껴질지도 모르겠지만 분명히 예술은 우리 삶의 한 부분을 차지하고 있고 그것이 미치는 영향력 또한 크다. 그래서 우리는 예술을 내 주변 가까운 곳에서부터 시작하고자 하였다. 예술에는 지불이 따르고 값에 따라 누릴 수 있는 아름다움에도 차등이 있다는 얕은 생각에서 벗어나야 비로소 우리는 진정으로 문화와 예술에 대한 가치를 논할 수 있을 것이다.

아이들 일상에는 무엇이 있으며 우리는 그곳에서 어떤 예술적 가치를 발견할 수 있는지에 대한 해답을 찾기 위해 우리는 작은 것에 대한 애정을 품고 그것을 관찰하는 것에서 시작하고자 하였다. 비가 쏟아지는 모습과 땅 위에 빗방울이 떨어지면서 만들어 내는 소리를 관찰한 뒤 무용과 음악으로 표현해냈었던 〈비오는 날은 정말 좋아〉, 나무를 두드리며 타악 리듬을 느끼고 돌, 풀, 길을 소재로 진행되었던 〈자연과 친구하기〉, 우리가 평소 쉽게 보고 지나쳤던 명화를 색다른 시각으로 바라보고 그림 속 뒷이야기를 상상하고 재구성해 보았던 〈명화 속 숨겨진 이야기〉 등 자신이 가진 기본적이고 단순한 능력만으로도 충분히 예술적 활동을 할 수 있다는 경험이었다. 아이들이 자연과 사물에 갖는 이 사소한 애정이 비가 내리는 어느 날, 졸졸졸 물이 흐르는 냇가, 울퉁불퉁 돌이 솟은 좁은 길에 아름다움이란 가치를 부여한 것이다. 예술적 상상력은 교육 참여자들이 자신의 일상에 새로운 자극을 주는 것을 허락하고 삶전반에서 만족감을 가질 수 있도록 한다. 그리고 자신의 생활 속 일상과 맞닿은 예술성을 발견하게 한다. 자신의 일상과 연계된 교육은 경험을 교육의 현장으로 끌어오게 하고 이를 적용하여 자신에게 체득하는 것을 수월하게 한다. 경험과 예술 그리고 일상과 교육이 서로의 경계를 허물고 자연스럽게 녹아드는 것이다.

지역과 예술활동

우리가 살고 있는 사회는 빠르게 변화하고 있고 가평지역 또한 교통의 발달 등으로 지역이 지닌 문화에 변화가 일고 그 과정에서 사라지는 경우도 생기게 되었다. 이러한 지역의 변화에 대응하고 우리 고유의 문화를 지속 발전시키고 전승시키기 위해 문화예술이 바탕이 되는 교육으로 지역의 이야기를 발굴하고 사람들을 이어 문화예술 네트워크를 형성하는 것이 무엇보다 필요하다 생각되었다. 단순한 지식을 이어가고 자료를 남기는 것이 아닌 창의적이고 지속가능한 방법을 통해 지난 시간과 현재를 잇고자 하는 것이고 더 나아가서는 사람과 사람을 잇는 작업을 하고자 하는 것이다. 시대의 발전으로 인한 전통과 개발의 기로에서 우리 지역이 지닌 문화를 보존시키기 위한 이 작업은 매우 중요한 것이고 끊임없는 연구와 노력이 이어져야 할 것이다.

최근 지역을 중점으로 둔 예술교육은 문화활동을 활성화시키고 이를 지속시키기 위한 방안으로 부각되고 있다. 지역민들은 문화예술교육에 참여하는 수동적인 수용자에서 스스로 문화활동에 참여하는 주체적 입장으로 변화하는 경험을 하게 된다. 지역민들에게 예술교육은 우리의 삶에 문화예술을 끌어들이고 능동적으로 누리고자 하는 욕구를 인지시키는 역할을 하는 것이라 볼 수도 있겠다. 참여자들은 예술교육을 통해 지역 내의 다양한 문제에 대해 인식하게 되고 이를 문화로서 해결할 방법을 찾게 된다. 그리고 그 과정을 통해 사회공동체 속 자신의 정체성을 확립하고 타인과의 관계 수립에 적극적이게 된다. 이들은 예술활동에 대한 즐거움과 중요성에 대해 알게 되고 이를 타인과 함께 공유하기 위해 커뮤니티를 형성하고자 하는 것이다. 이 같은 문화 커뮤니티는 같은 지역에서 살고 있지만 서로 다른 개인적 사정과 환경 등을 가진 개개인의 예술적 감성과 감수성이 한데 모여 활성화되고 극대화되는 효과를 내게 한다.

　지역 기반의 프로그램에 참여한 교육 참여자들의 다양한 경험은 그 과정과 결과에 더 많은 이야기를 담아 낼 수 있도록 한다. 자신의 환경에서 겪은 경험담과 그로 인해 자신이 얻은 지식을 타인과 나누고 사고와 경험의 폭을 간접적으로나마 넓힐 수 있게 된다. 그리고 지역과 그 안에 살고 있는 사람들에 대해 배우게 되고 이해하고 소통하는 것을 즐길 수 있게 된다. 지역민들은 지역과 자신의 삶을 문화로 향유하는 법을 익힐 수 있게 되고 이로써 예술은 진정으로 우리의 삶과 일상 안으로 스며들게 되는 것이다. 그렇게 됨으로써 지역은 단순히 주거하는 공간으로서의 의미를 넘어 문화와 사회구성원이 공존하는 공간으로써 인지될 수 있을 것이다. 이처럼 우리 생활 속에서 문화예술을 즐기고 새로운 문화를 창조해낼 수 있는 기회를 제공함으로써 지역 내 문화생활을 활성화시키고 지역민들이 문화예술에 대한 관심과 흥미를 지속시킬 수 있도록 하는 것이 우리가 계속해서 지역에서 문화예술교육을 실행하는 이유라 할 수 있겠다.

누구나 꿈을 꾼다 - 교육복지와 문화예술

　앞서 말했듯이 가평지역은 수도권에 속해 있으면서도 농촌지역이라 문화예술 분야에서는 여전히 소외지역으로 남아 있으며 문화예술을 향유하기 위한 기반이나 시설이 미비한 곳이다. 경기도 내에서도 문화예술의 혜택이 낮은 지역이라 5년 전과 비교해 보아도 크게 달라지지 않았다는 것이 우리 지역의 안타까운 현실이다. 문화예술교육에 대한 필요성과 중요성은 늘 부각되고 있지만 여전히 그에 대한 관심과 지원은 턱없이 부족한 상황이라 시설이나 프로그램의 신설에는 진척이 없다. 그렇다고 해서 문화예술교육에 대한 수요가 전혀 없는 것은 아니다. 예술활동에 대한 의지와 욕구가 있는 학생들이 있음에도 불구하고 참여할 수 있는 프로그램이 충분치 않아 더욱 안타까운 것이다.

또한 우리 단체가 제공하는 프로그램의 경우 지원금으로 운영되는 것이 대부분이라 이를 안정적으로 장기간 진행할 수 있다는 확실한 보장이 없어 아쉽기만 하다. 프로그램에 참여하고자 하는 지원자는 매년 있지만 충분한 지원과 적절한 재원이 부족하여 문화예술 향유에는 불편한 장벽이 존재할 수밖에 없었다. 그리고 우리는 이러한 장벽을 없애기 위해 예술 중점의 교육으로 조금씩 다가가고자 하였다. 여러 기관의 지원으로 찾아간 가평지역의 지역아동센터와 협력하여 아이들에게 예술교육의 기회를 제공하고자 한 것이다.

지역 아동시설의 아이들이 외부에서 온 선생님들에게 금방 다가오고 친밀감을 보이는 모습을 보고 사실 놀라기도 했었다. 얼마나 아이들이 관심과 애정에 목말라했었는지 짧은 시간 안에도 알 수 있었다. 예전 타 사업 관계자와의 대화를 통해 지역 아동센터의 아이들이 엇나가는 경우가 많고 그때 바로잡아주지 못할 경우에는 적지 않은 아이들이 소년원으로 들어오게 된다는 사실을 알게 되었다. 소년원에서 근무하시던 그분이 그곳에서 아이들의 지도를 잘 부탁드린다는 말을 듣고 책임감과 의무감을 느꼈다. 그 이야기를 듣고 난 뒤 아이들을 보니 아이들이 교육에 임할 때 집중도나 감정폭에 더욱 관심을 기울이게 되었고, 단순히 예술활동을 제공하는 것보다는 어떤 인성을 지닌 아이들로 자라났으면 좋을지에 대해 고민하게 되었다.

예술교육은 이처럼 스스로에 대한 확신이 없거나 목표의식이 부재한 아이들에게 자존감을 높이고 성취감을 줄 수 있게 되었고, 당당하게 자신을 표현하는 것에 대해 거부감이나 두려움이 많이 없어진 모습을 보였다. 스스로가 부족하기만 하다고 생각했던 아이들은 자신의 재능을 발견하게 되고 이를 발전시킬 수 있는 역량을 스스로 만들어 내기도 했다. 참여자들은 점차적으로 자신이 가진 신체적 능력을 깨닫고 심리적 안정을 얻어 표현하고 싶은 세계를 형성하여 새로운 성장의 발판을 마련하게 된 것이다.

참고문헌 : 안드레아 에르케르트, 「숲으로가자」 호미(2012)

첫 만남 - 서로 다른 생각을 하다

아직도 첫 모임의 어색함과 냉랭함이 기억난다. 학교공간 프로젝트를 본격적으로 시작하는 첫 모임에서 학교공간에서 교사와 예술가의 생각은 전혀 달랐다.

먼저 교사들은 예술가들이 수업에 참여한다면 스킬skill 위주로 교사의 보조 역할을 해달라고 요구했고, 그것이 그들의 역할이라고 생각했다. 예술가들은 그런 역할이 필요하다면 우리의 역할은 동영상을 보는 것과 다름이 없다면서 자기들의 수업 경험담을 이야기했다. 미리 짜인 교육과정과 주어진 몇 차시 동안 수업에 투입되면 교사들은 자신의 업무를 해결하기 위해 교실을 떠난다고 했다. 그리고 약속했던 시간이 끝나면 아이들에게 많은 변화가 있기를 기대하고 요구한다는 것이다. 예술가들은 수업에서 아이들과 소통하면서 더 창의적인 작업을 하고 싶어했다. 그러나 아이들의 정보를 얻거나 수업내용을 상의할 수 있는 시간과 의사소통할 분위기가 전혀 마련되어 있지 않았다. 예술가들은 여기에 대한 어려움을 풀어나가고 싶다고 하면서 이번 프로젝트가 소통의 역할을 하였으면 하는 바람을 말했다.

교사들은 여전히 수업 현장에서 예술가들이 과연 창의적인 작업을 끌어낼 수 있을까에 대한 불신과 학교공간에서 문화예술교육은 어쩔 수 없는 화두라며 포기하는 말만 내뱉고 있었다. 절충이 되는 과정을 찾는 것이 힘들겠다는 생각을 했었던 것 같다. 냉랭함과 함께 이 분위기를 어떻게 해야 할지 너무 난감했다.

서로가 이해하고 변화를 바라고 시작되었던 만남이기에 워크숍을 통해 청

문예* 예술가들은 교육법을 보여주고 이해시키고 싶어했다. 그렇게 교사연수의 기회를 준다면 우리가 추구하는 수업을 보여주고 싶다고 했다. 그리고 다시 이야기해 보자고 말했다. 그렇게 우리는 밥상도 나누지 못한 채 그대로 헤어졌다.

* 청문예는 'Art Stage 다올 – 청평문화예술학교'의 줄임말이다. 청평문화예술학교는 가평지역의 비영리 문화예술단체로서 문화예술 공연 및 창의적인 문화예술교육을 실천하고 있는 단체이다

산을 넘다 - 교사를 위한 탈춤 워크숍

오후 3시 30분. 약속된 시간에 가평초 강당에 예술가팀이 먼저 도착해 있었다. 약속시간 10분이 넘어가자 교사들이 하나둘 모여들었다. 서로 다른 구역에서 예술가팀과 교사팀이 자기끼리 수다를 떨고 있었다.

청문예의 탈춤 연수가 시작됐다. 탈춤 주제선택은 교사들의 요청으로 결정된 주제였다. 탈춤은 교육과정에 자주 등장하는 무용파트로서 학교에서 교사들이 수업하기 참 힘들어하는 부분이라서 협의하에 탈춤을 연수해 주기로 결정한 것이었다. 연수의 시작은 스트레칭이었는데, 몸만 풀어지는 스트레칭이 아니라 시간 내내 웃을 수 있어 마음까지 녹아들어 가는 듯했다. 교사들의 마음과 몸이 풀어지자 그 다음 자기 표정 그리기(탈 만들기), 자기 이야기를 하면서 분위기는 점점 부드러워졌다. 표정에 대한 자기 이야기를 하면서 서로를 잘 알 수 있었고 서로 마주보며 웃을 수 있었다. 가장 기본이 되는 전통 탈춤 동작을 배우고 각 조별로 춤 스토리를 짜기 시작했다. 예술가들과 교사가 팀을 이뤄 스토리를 짜는데, 한 조는 "왕따"를 주제를, 다른 조는 오늘 우리 학교에 있었던 사건 "소방벨 울리는 아이들"이라는 주제로 스토리를 짰다. 교사나 예술가팀들이 모두 시간 가는 줄 모르고 연수를 즐겼다. 마지막 공연은 놀라웠다. 소감을 나누는데 지난번 첫 만남에서 가졌던 생각과는 많은 변화가 있었다.

이번 연수는 교사들이 원하는 대로 수업에 활용할 수 있는 스킬에 쉽게 다가갈 수 있는 시간이 되기도 했지만 예술가와 교사가 마음의 문을 여는 소통의 첫 걸음이기도 했다. 청문예의 교육방침은 기존의 예술교육과 달리 아이들과 대화하고 토론하면서 스스로 생각하고 만들어 가는 수업을 지향한다. 이는 사실상 어려운 것이 아니라 조금만 다르게 접근하고 표현한다면 재미있게 풀어나갈 수 있는 방법이다. 교사들은 청문예의 이러한 수업의 방향을 공감하며 배울 수 있는 시간이 되었던 것 같다. 예술가들은 연수를 준비하고 교사들은 그 연수를 이해하면서 배움을 넘어 새로운 고민을 하기 시작하였고 서로가 각자의 역할에서 채워야 할 부분에 대해 고민하기 시작했다.

연수 후 모든 교사와 예술가들이 함께 저녁식사에 동참했고 끊임없이 이야기를 나눴다. 다음에 또 만나자며 아쉬운 만남을 마쳤다. 산을 넘은 듯한 기분이었다.

구 분		내 용	준 비 물
도 입	스트레칭	몸풀기를 통한 어색함 없애기	편안한 복장
	탈출PPT	탈춤이란 무엇인지 알아보기	빔 프로젝트
전 개	내 얼굴 그리기	간단하게 내 얼굴, 표정을 나타낸다.	종이, 색연필 등 그리기 도구
	탈춤 배우기	탈춤동작 외사위, 겹사위, 다리들기, 불림, 고개잡이, 여닫이, 까치걸음, 황소걸음 배우기	편안한 복장, 한삼
	이야기 만들기	모둠별로 주제를 정하고 스토리를 만든다 → 역할을 정한다 → 탈춤동작을 활용하여 움직임을 만든다	필기도구, 편안한 복장
정리 및 평가	모둠별 발표	왕따, 소방벨	서로의 작품을 감상하고 느낀점을 발표한다.

아이 눈으로 수업 보기
– 예술가를 위한 수업 들여다보기

예술가들은 교사들이 생활하는 학교공간을 무척 궁금해 했다. 그래서 이 번에는 예술가들에게 교사의 수업을 보여주고 수업에 대해 이야기하는 워크 숍을 준비했다.

'우리 수업으로 ○○할 수 있을까'를 주제로 이야기를 시작해 보았다.

○○에 들어갈 수 있는 말들을 떠올리면서 우리는 수업을 생각해 보았다. '사랑할 수 있을까', '놀 수 있을까', '대화할 수 있을까', '감싸 안을 수 있을까', '행복할 수 있을까'…. 우리는 점점 마음이 따뜻해짐을 느끼며 실제 수업의 동 영상을 들여다보았다. 작은 공간에 많은 아이들, 서로 다른 성격을 가지고 서 로 다른 목표를 가진 아이들이 교사를 쳐다보고 있었다. 그런 아이들에게 똑 같은 수업 목표와 똑같은 방식으로 대했던 교사들의 반성이 시작되었다. 동영 상으로 바라본 아이들의 모습은 교사로서의 자신의 모습을 반성하게 되었다. 예술가들에게 수업을 설명하기로 해놓고 넋두리만 늘어놓는 자리가 되었다. 하 지만 이것을 시작으로 수업에 대해 진지하게 이야기를 나누게 되었다. 저 아이 는 어떠한 생각을 하고 있는 걸까…

아이 눈으로 수업보기 방법은 기존의 교사 중심으로 수업을 보는 방식에 서 아이를 중심으로 수업을 관찰하는 방법을 말한다. 한 아이를 집중적으로 관찰하는데, 수업 중에 일어나는 그 아이의 행동 전체를 관찰하고 그러한 행 동을 하는 이유에 대해 탐색하기 시작한다. 우리는 그 수업을 평가하는 것이 아니라 자신의 문제의식을 가지고 그 아이를 바라본다. 그러면서 있는 그대로 관찰하고 분석한다. 그리고 대안을 모색하며 스스로를 반성하는 방법으로 이

루어진다. 무엇보다 중요한 것은 수업에서 교사의 역할이 아니라 반응하는 아이의 행동이 초점이 된다는 것이다. 짧은 시간이었지만 많은 것을 느끼게 해 준 과정이었다.

예술가나 교사들은 수업을 어떻게 바라보고 있을까? 무엇을 중요시 하고 있는지 교사와 예술가들의 생각을 느낄 수 있었고 교사와 예술가들의 생각 변화도 읽을 수 있었다. 의외로 예술가들의 생각이 무척 유연하고 너그럽다는 사실도 발견하였다. 그리고 교사 역시 기존의 권위적인 교사의 모습이 아니라는 것도 이해할 수 있었다. 다양한 교사들의 의견과 생각을 들으며 선생님들의 아이들에 대한 애정을 느꼈다. 수업 진행과 지식 전달의 목적이 아니라 아이들과 어떻게 소통하고 있는지에 대한 고민들이 조금씩 커져만 가면서 예술로 풀어가는 수업에 대하여 조금 더 의견을 좁힐 수 있었다.

새로운 발견! 교실을 이해하고 나니 우리가 수업으로 할 수 있는 일이 너무나도 다양했다. 서로가 공유하지 않았기에 지나쳐갔던 사소한 것들을 함께 모여 이야기함으로써 구체화되고 있다. 우리는 수업으로 사랑할 수 있고, 대화할 수 있으며, 함께 놀 수 있다. 또 행복할 수 있으며, 감싸 안을 수 있다.

무엇을? 서로를 … 신난다!

예술로 만나는 커뮤니티 댄스 꿈꾸는 놀이터 다락방
가평초등학교

'다락방'이란 나에게

지금까지 나의 교직생활을 돌아보면 늘 아쉽고, 안타깝다. 그렇게 느끼는 까닭은 두 가지이다. 첫째는 아이들과 나와의 관계, 둘째는 내 능력을 생각해 볼 수 있을 것 같다. 내가 이 두 가지를 아쉽고, 안타까워한다는 것은 그런 아이들과의 관계형성이나 교사로서의 내 능력이 부족하고, 결핍되었다는 점에서 그럴 것이다.

우선, 아이들과 교사로서의 나의 관계에 대해 생각해 보면 늘 겉도는 느낌이 강했다. 아이들은 교실이라는 공간 안에서 무엇인가 새롭고, 즐거운 경험을 기대한다. 그러나 교사로서의 나는 아이들의 기대 밖에 존재하는, 아이들과 호흡하지 못하는 그런 가르침으로 아이들을 만난다.늘 그렇지는 않지만 그래서 나는 때론 힘들고, 때론 지치고, 때론 아이들을 원망했다. 그런데 나는 아이들이 기대하는 교실 공간에서의 경험이 무엇인지 오래 고민하지 않았다. 아이들이 자신의 삶에 대해 새롭게 눈을 뜨고, 성장을 경험할 수 있는 것들에 대해서 말이다. 우리 모임꿈꾸는 놀이터의 출발점은 이런 고민에서 시작한다. 그렇다면 아이들이 학교에서 즐거움과 새로움을 통해 새롭게 자신의 삶에 대해 눈뜨게 할 수 있는 그런 성장의 경험은 어디에서 올 수 있는가? 그것이 우리 모임이 찾아가야 하는 목적이었다. 그러면서 우리가 찾으려고 했던 그런 목적 속에서 아이들이 각자 꿈을 꿀 수 있는 아이로 자라났으면 했다.

그런데 내 능력은 한참 모자랐다. 모자랐다기보다는 목말랐다고 하는 것이 옳은 말일 것 같다. 우리 아이들을 꿈꿀 수 있는 아이들로 자라게 한다는 것, 자신의 삶에 대해 새롭게 눈뜰 수 있게 한다는 것, 성자의 경험을 제공한다는 것은 곧 예술에 대한 향유, 공감, 감상의 능력을 길러 주는 일과 같은 것이었다. 그리고 바로 이 지점이 교사로서 내 능력의 한계와 맞닿는 지점이었다. 그래서 목말랐고, 그런 심정의 동료 교사들을 만났고, 그런 목마름을 해소해 줄 또 다른 지역 예술가들을 만났다.

우리 모임은 그렇게 학교라는 공간 안에 아이들이 꿈꿀 수 있는 놀이터를 제공해 주자는 목적과 필요성을 공감하면서 출발했다. 학교는 지역사회에서 얻을 수 있는 예술 재원들을 끌어안아야 했고, 교사는 지역예술단체의 예술가들과 함께 예술영역의 활동들에 대해 같이 고민하면서 학교 안에서 아이들과 함께할 수 있는 예술교육을 창조해 내야 했다.

지금 돌이켜보면 우리 모임이 가고자 하는 방향은 학교나 지역사회, 특히 가평이라는 문화소외지역에서는 꼭 필요했고, 누군가는 시작해야 할 일이었다. 이런 현장의 교사와 지역사회 예술가들의 만남은 서로가 부족하고 목말라하는 점들을 해소하면서 아이들에게 꿈꾸고, 성장하고, 새롭게 눈뜨는 예술 경험을 제공해 주었을 것이라 믿는다.

가평초등학교 교사
신경철

꿈꾸는 놀이터 다락방

- 청평초등학교 -

무용 동작만 배운 것이 아니라 수업에 응용할 수 있도록 다양한 지도방법을 함께 실습해 본 점이 좋았습니다.
수고해주신 강사선생님 감사드립니다.

- 청평초등학교 교사 추신영

예술과목, 특히 표현과 관련된 체육수업을 진행할 때 꾸미기 체조까지는 어떻게든 참여와 호응을 이끌어낼 수 있었다. 하지만 창작무용 발표를 위한 준비를 하고 수업을 할 때는 하기 싫어하는 아이들과의 전쟁을 벌이곤 했다.
조금 더 참여를 이끌어내고 자유로운 창작을 위해 이 기회에 배웠던 것들을 활용한다면 즐겁고 다함께 참여하는 수업을 이끌어낼 수 있을 것 같다.

- 청평초등학교 교사 김시영

다락방이라는 이름에 걸맞게 즐거움이 넘쳤던
시간이었습니다. 게다가 수업에 적용할 수 있는
팀과 주제 통합교육의 사례를 많이 보여주셔서 교
육과정 재구성에 큰 도움이 될 것 같습니다.
감사합니다.

－ 청평초등학교 교사 김선

나를 내려놓지 못해 조금은 부끄러워하는 소극적인
태도로 수업에 참여했던 것이 지금 와서 아쉽
다. 잠시 부끄러움과 민망함을 내려놓고 제대로 즐
긴다면 더욱 좋을 것 같다.
강사선생님이 유쾌하셔서 즐거운 시간이었다. 도
와주시는 미모의 선생님들도 친절하셔서 더욱 좋
았다. 그동안 배운 내용을 아이들과 어서 함께
해 보고 싶다.

－ 청평초등학교 교사 정한나

정해진 답이 없는 수업을 하는 것은 항상 어렵다. 학생들의 창의력과 상상력을 끌어올리는 것이 중요하다고 생각은 하지만 어떻게 해야 할지 잘 몰랐는데, 이번 연수를 통해 '표현' 활동에서 학생들과 자유롭게 놀 수 있는 방법을 많이 알게 돼서 많이 행복했다.

– 청평초등학교 교사 김민서

평소에 심한 몸치여서 춤을 추거나 몸으로 동작을 표현하는 것이 많이 부끄러웠는데 이번 연수를 통해 다양한 표현방법을 배우고 자신감을 얻을 수 있었다.
또한 학생들에게도 단순한 교과지식이 아닌 다양한 표현방법, 창의력을 키울 수 있는 수업을 전달할 수 있을 것 같아서 유익한 연수였다.

– 청평초등학교 교사 정하지

어떤 친구들이 나를 기다릴까

만나서 반가워요

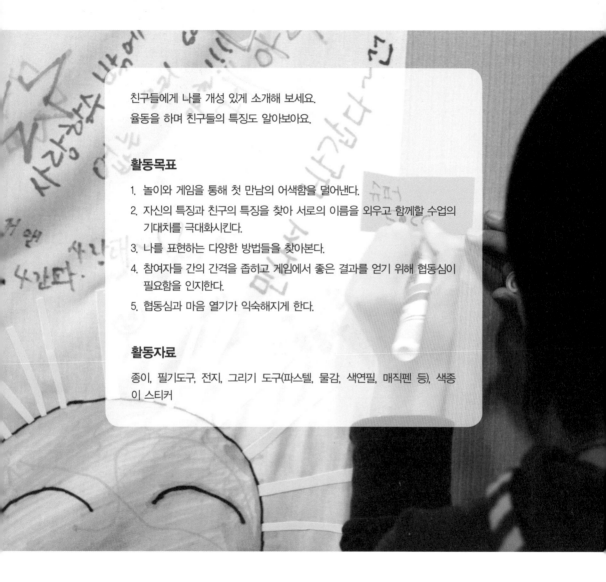

● 만남

친구들에게 나를 개성 있게 소개해 보세요.
율동을 하며 친구들의 특징도 알아보아요.

활동목표

1. 놀이와 게임을 통해 첫 만남의 어색함을 덜어낸다.
2. 자신의 특징과 친구의 특징을 찾아 서로의 이름을 외우고 함께할 수업의 기대치를 극대화시킨다.
3. 나를 표현하는 다양한 방법들을 찾아본다.
4. 참여자들 간의 간격을 좁히고 게임에서 좋은 결과를 얻기 위해 협동심이 필요함을 인지한다.
5. 협동심과 마음 열기가 익숙해지게 한다.

활동자료

종이, 필기도구, 전지, 그리기 도구(파스텔, 물감, 색연필, 매직펜 등), 색종이 스티커

활동 1 　특별한 인사 나누기

1. 수업공간에서 오른쪽 그림과 같이 테이프 등으로 공간을 지정해 주고 편안하게 걷게 한다.
2. 걷다가 눈이 마주치는 사람과 간단하게 목례를 한다.
3. 몇 번 반복되면 걷다가 눈이 마주친 사람과 가벼운 포옹으로 인사한다.
4. 일정 시간이 지나면 다음에 눈이 마주친 사람과 하이파이브하면서 인사한다.
5. 다음엔 엉덩이를 살짝 부딪치면서 인사한다.
6. 마지막으로 눈이 마주친 사람과 나만의 특별한 인사법으로 인사한다.

활동 2 오브제를 이용하여 나를 소개하기

1. 우리 주변에서 찾을 수 있는 오브제를 이용하여 인사를 나눈다.
2. 신문을 이용하여 자기소개를 하도록 유도한다.
3. 교사가 먼저 시범을 보인다. 예를 들어 신문을 비행기로 접어 "나는 ○○을 좋아하고 앞으로 ○○이 되기 위해 비행기를 타고 곧 유학을 떠날 예정입니다."라고 소개하면서 비행기를 날린다.
4. 신문지 안에 글자나 그림을 찾아 나를 소개할 수 있는 방법도 있음을 교사가 알려주고 일정 시간을 준 다음 참여자들이 순차적으로 발표할 수 있게 한다.

도움말

이때 유의할 점은 참여자들 속에서 외향적이며 발표력이 좋아 보이는 친구를 맨 앞과 뒤에 발표하도록 지도한다.

활동 3 간격 좁히기(좀더 가까이)

1. 참여자들의 수에 따라 7~9명으로 모둠을 나눈다.

2. 모둠원들과 어떤 형태로든 손바닥을 마주치는 시간을 스톱
   워치로 재서 우승팀을 가린다고 게임의 규칙을 제시한다.

3. 모둠원들이 첫 사람부터 손바닥을 부딪치며 마지막 사람까
   지 도착한 시간을 최소화할 수 있는 방법에 대해 전략을 세
   운다.

4. 3~4번 반복해 시간을 줄일 수 있는 또 다른 방법을 찾아보
   고 다시 한 번 게임을 진행한다.

5. 어느 정도 모둠원들끼리 간격을 좁히고 시간을 단축할 방
   법을 찾아내면 게임을 종료하고 무엇이 시간을 단축시킬 수
   있었던 요인이었는지 질문하고 답을 얻는다.

도움말

간격을 좁히고 협동하였을 때
시간을 최소화할 수 있음을 인
지하도록 한다. 그러면 앞으로
진행되는 모든 수업은 협동과
서로에 대한 존중과 마음 열기
가 중요한 요인임을 스스로 터
득하게 된다.

활동 4 자리 찾기

1. 참여자 전체가 둘러앉으면 교사 우측부터 과일 이름을 4~5개 정도를 정해 순서대로 이름을 붙여주고 이를 4~5명 단위로 반복한다.

   ex) 사과 배 포도 딸기 수박, 사과 배 포도 딸기 수박, 사과 배 포도 딸기 수박

2. 전체 인원에서 자리를 하나 빼고 교사가 '사과'라고 부르면 사과인 사람들이 일어나 자리를 교체한다. 앉을 자리를 못 찾은 1명은 원의 가운데 앉는다.

3. 다음에 또 자리를 하나 비우고 이번에도 과일 이름 하나를 교사가 부르면 그 과일의 사람들이 자리를 이동하고 술래를 한 명 찾아 가운데 자리에 앉힌다.

4. 몇 번을 반복해 술래가 3~4명 생기면 자기의 소개나 특징을 리듬에 맞춰 이야기한다.

5. 이렇게 몇 번을 반복하여 참여자들의 이름과 특징을 교사도 기억하고 학생들도 서로 익힌다.

활동 5 삼행시 짓기

1. 우리가 알고 있는 '삼행시' 짓기 게임을 알려준다.

2. 자기 이름을 가지고 삼행시를 지어본다. 교사가 예를 들어 '진수영'이라는 이름으로 삼행시를 짓는다면 "진: 진짜, 수: 수영이는, 영: 영원히 행복하대요"라고 예시를 전달한다.

3. 가볍게 삼행시를 지었다면, 이제 지은 것을 가지고 몸으로 표현해 보도록 한다.

4. '영원히 행복한 진수영'만의 특성을 표현할 수 있다.
   ex) 엄지를 치켜들고 어깨를 들썩임, 양팔로 자신을 껴안고 흐뭇하게 웃는 표정 등

활동 6 이름에 리듬 넣기

도움말

옆 사람의 동작과 이름에 집중
하게 해 친구와의 친밀감을 쌓
이게 하며 놀이와 함께 친구의
이름을 외울 수 있게 한다. 이
때 친구의 이름이나 동작을 다
르게 한 친구는 게임에서 술래
가 되어 자기소개를 간단히 할
수 있도록 유도한다.

1. 참여자 전체가 동그랗게 모여 앉는다.

2. 교사가 우측이든 좌측이든 어느 방향을 정해 돌아갈 것임
   을 알려준다.

3. 성을 뺀 이름에 두 박자로 리듬을 맞춰 자기의 특징적인 동
   작을 하나씩 표현하게 한다.
   ex) 이름이 '수영'인 경우 두 박자 리듬에 맞춰 2박에 힘주
   어 이름을 부르고 수영하는 동작을 예시로 보여준다.

4. 각자의 동작을 생각했으면 돌아가면서 다같이 2~3번 자기
   이름에 동작을 반복한다. 이때 모든 친구들이 늘어지지 않
   고 템포에 맞춰 표현할 수 있도록 지도한다.

5. 각자 이름의 동작이 완벽하게 자신 있게 표현되면 게임을
   시작한다.

6. 좌측 친구의 이름과 친구가 표현한 동작을 한다. 이때 걸리
   면 개인기로 자신을 표현한다.

7. 같은 방향으로 몇 번 하다 불시에 방향을 바꿔 우측 친구
   를 표현하게 하면서 게임을 진행한다.

활동 7   나는 나는 ○○이 될 터이다(내 안에 내 꿈 찾기)

1. 내가 되고 싶은 것에 대해 상상하고 참여자 중 몇 명만 발표한다.

2. 상상한 내가 되고 싶은 모습을 어떤 특징을 살려 표현하면 좋은지 생각한다.

3. 큰 전지에 자신의 신체 모양의 본을 친구의 도움을 얻어 그려 넣는다.

4. 원본을 잘라 나만의 히어로, 나의 미래의 모습을 그려 넣거나 만들어 붙인다.

5. 간단히 설명하고 미래의 내가 그리는 가장 상징적 장면을 몸으로 표현한다.

활동 8 생각 키우기와 활동소감

- 가장 인상적인 친구는 누구였으며, 왜 인상적이었는지 이야기를 나눈다.
- 내가 발표할 때 어떤 기분이었는지 느낌을 이야기한다.
- 혹시 내가 발표할 때 다른 친구와 말하거나 잘 봐주지 않은 친구는 없었는지, 있었다면 어떤 기분이었는지 이야기 나눈다.
- 나의 미래에 대해 상상하고 발표했을 때 느낌은 어떠했는지 느낌을 나눈다.

〈활동 효과〉

- 친밀감 : 처음 만나 서로가 어색할 때 재미난 게임을 통해 짧은 시간에 서로를 알아가고 친숙해 질 수 있다.
- 자의식 : 자기 이름에 대하여 다시 한 번 생각할 수 있는 기회를 갖게 된다.
- 순발력 : 짧은 시간 안에 삼행시나 자신만의 동작으로 간단하게 표현과 설명이 필요로 하게 함으로써 목표를 달성하려는 마음을 갖게 한다.

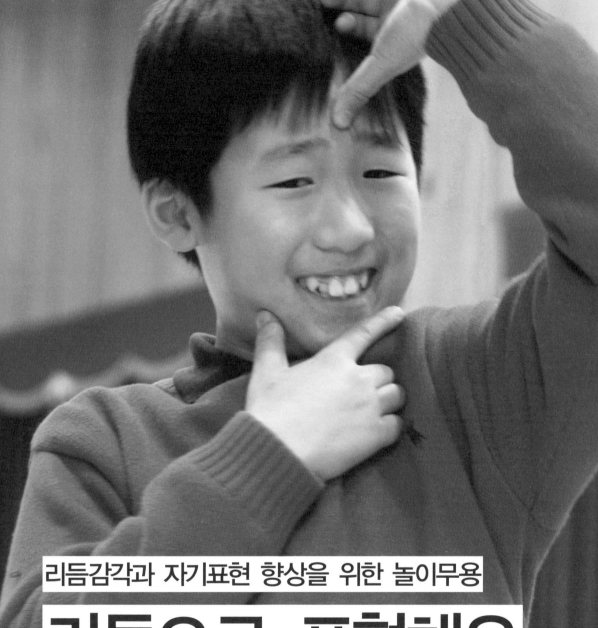

리듬감각과 자기표현 향상을 위한 놀이무용

리듬으로 표현해요

줄넘기 놀이

팔짝! 팔짝! 다양한 방법으로 줄을 넘어봐.

활동목표

1. 놀이의 활동 크기를 깬다.
2. 고정관념을 깨뜨린다.
3. 협동심을 기른다.
4. 신체훈련과 자기표현을 기른다.
5. 리듬감을 익힌다.

활동자료

긴 줄넘기, 연령층에 맞는 2박·3박·4박자의 다양한 음악

활동 1 신나게 날아봐 ~

1. 긴 줄넘기를 준비한다.

2. 보조교사와 교사가 줄을 돌린다. 보조교사가 없을시 줄을 돌릴 2명을 뽑는다. 줄 돌리기는 돌아가면서 진행한다.

3. 한 명씩 자유자재로 줄을 넘나든다. 이때 순서에 상관없이 개개인이 자유롭게 들어오고 나간다.

4. 누구나 자연스럽게 줄을 넘나들면서 손과 발을 돌리거나 방향을 바꾸는 등 다양하게 움직이며 줄에 걸리지 않게 뛴다.

5. 개인 또는 모둠별로 할 수 있다. 2인은 커플 줄넘기, 2인 이상은 단체 줄넘기, 친구들과 신체를 접촉하며 줄을 넘는다.

6. 주제를 정해 줄넘기를 넘으면서 자기만의 방식으로 표현한다.

7. 음악에 맞춰 개인별, 모둠별로 우리만의 줄넘기 동작을 만든다.

도움말

점핑 예! 점핑 예!
점핑! 뛰어뛰어!!
마음대로 가사에 적합하게 점프동작을 만들어 보아요.
'점핑'에 뛰고, '예!'에 손을 들고, '뛰어'는 제자리에서 뛰고 뛰고~에! 잠깐! 줄을 뛰어 넘고 있다는 것 잊지 말고 걸리지 않게 조심조심…
림보게임처럼 진행하면 아이들은 당연히 선입견을 가지고 기존방식의 놀이 형태로만 풀어낸다. 줄이 점점 높아지거나 낮아지면서 아이들이 한계에 닿았을 때 선생님은 어떠한 조건과 형식을 주지 않았음을 인지시키고 서로 협업하며 새롭게 해결할 수 있는 방안을 찾도록 유도한다.

활동 2　생각을 바꿔봐 Ⅰ

1. 긴 줄넘기를 무릎 높이에서 양쪽으로 팽팽하게 잡고 한 명씩 뛰어넘는다. 이때 '줄넘기에 신체가 닿으면 안 된다'라고 제한점을 준다.

2. 높이를 조금씩 올려가며 뛰어넘는다.

3. 일정 높이로 올려 참여자 전체가 뛰어넘는 것을 시도하다 실패하면 참여자들에게 뛰어넘는 방법에는 어떠한 제한점도 주지 않았음을 인식시킨다.

4. 다양한 주변의 사물이나 도구를 이용하고 서로서로가 협동을 통해 넘을 수 있게 한다.

활동 3 생각을 바꿔봐 Ⅱ

1. 이번에는 줄을 허리 높이에서부터 잡고 아래로 내려가며 줄 밑으로 통과하게 한다. 이때도 역시 줄에 닿아서는 안 된다고만 제한점을 준다.
2. 줄을 조금씩 낮추어 가며 지나가게 한다.
3. 유연성의 한계에 다다랐을 때 림보게임이라고 제시한 적이 없음을 인지시키고 고정관념에 대해 잠시 생각하게 한다.
4. 줄의 높이를 점점 낮추어 가며 통과하다 포복의 형태로 지나가야 할 정도까지가 되면 서로 서로 협동하며 통과할 수 있게 한다.

활동 4 생각 키우기와 활동소감

고정관념에 대해 이야기하고 서로 협동해서 이룰 수 있는 일들에 대해 이야기 나눈다.

● 고무줄 놀이

리듬감각이 자유로운 자기표현을 키워봐.

활동목표

1. 다양한 높낮이의 줄을 넘으면서 균형감각과 유연성을 기른다.
2. 놀이를 통해 박자와 리듬감을 익힌다.
3. 고무줄을 이용한 놀이를 통해 신체조절 능력을 개발한다.
4. 선택한 박자에 맞추어 다양한 구도와 동작을 구상하여 창의력을 기른다.
5. 다양한 리듬과 음악적 접근, 사고력 확장, 표현력이 증대된다.
6. 모둠별 수업을 통해 협동심을 기른다.

활동자료

수업 공간에 맞는 긴 고무줄, 2박·3박·4박 등 다양한 음악

활동 1　리듬감 따라잡기

1. 4박자 음악(ex - 네잎크로버 등)에 맞춰 첫 박에만 박수를 치고 1박자에 한 걸음씩 음악에 맞춰 네 걸음 걸어간다. 한 세트는 우측에서 다른 한 세트는 좌측으로 오가며 고무줄 끝까지 진행한다.

2. 고무줄을 가운데 놓고 양발을 한쪽씩 놓은 다음 지그재그로 밟으며 1박에 강(엑센트)을 주고 고무줄 끝까지 간다.

3. 고무줄을 가운데 놓고 엑스로 꼬며 움직인다.

4. 고무줄을 가운데 놓고 리듬에 맞춰 반바퀴씩 원으로 돌며 목표지점까지 전진한다.

5. 높이는 발목에서부터 머리끝까지 자유롭게 하여 움직임을 만든다.

6. 걷고, 뛰고, 돌고, 밟고 다양하게 움직일 수 있다. 스텝을 리듬의 변화에 맞춰 여러 가지 형태로 밟아본다.

주의

참여자들이 고무줄 끝까지 갈 수 있게 한다.
먼저 출발한 친구가 고무줄의 중간지점에 다다랐을 때 다음 친구를 출발시킨다.

활동 2 우리만의 고무줄놀이 만들기

도움말

음악에 맞춰서 할 수도 있어
요. 예를 들어 오빠 강남 스
타일 ~!
말타기 동작을 하면서 고무줄
을 한쪽 발씩 신나게 밟으며 움
직일 수 있어요.
하나 둘, 하나 둘♬

1. 2박, 3박, 4박 음악에 맞추어 다양한 움직임을 제시해 주고 따라하게 해본다.

2. 스텝에 따라 리듬 혹은 박자 만들어 보기 등 전신을 이용해서 고무줄놀이를 한다.

3. 먼저 개인으로 해 보고 편을 지어 모둠으로 대결한다.

4. 3~5명 정도로 모둠을 나누어 패턴과 박자를 정하고 모둠 원들끼리 다양한 구도를 구상하게 한다. 이때 모둠별 구성 시간을 너무 길지 않게 5~6분 정도로 제한한다.

5. 모둠별로 발표하고 다른 팀의 구성을 감상하고 느낀 점을 이야기 나눈다.

6. 다른 팀과 비교 후 각자의 팀으로 돌아가 아까와는 다른 구도나 음악으로 재구성하게 한다. 이때도 주어지는 시간을 10분 이내로 한다.

7. 다시 발표하고 서로간의 피드백 시간을 갖는다.

8. 주제를 주고 고무줄을 이용해 주제별 움직임을 구성한다. **ex)** 꽃, 별, 산, 동물 등

9. 우리만의 고무줄놀이를 만들어 발표한다.

활동 3 생각 키우기와 활동소감

- 친구들과 움직이면서 친밀감을 느끼고 친구와 일체감이 생겨났는지에 대해 이야기를 나눈다.
- 친구들과 협동하여 동작들을 구성할 때 무엇이 재미있고 무엇이 어려웠는지 이야기 나눈다.
- 나만의 동작을 만들기 위해 어떠한 노력을 했는지 이야기 나눈다.

● 생각하는 나

날 따라해 봐요. 이렇게~♬

활동목표

1. 친구의 움직임을 보고 따라하기 위한 집중력을 기른다.
2. 친구를 보고 따라하면서 순발력을 기른다.
3. 먼저 움직여야 하는 주체가 되었을 때 움직임을 만드는 과정과 친구의 움직임으로 동작을 만드는 과정 속에서 창의력을 기른다.
4. 나의 신체를 최대한 이용하여 다양한 소리를 내고 또 그 소리들로 간단한 리듬을 만들기 위해 사고하는 과정에서 창의력이 발현된다.

활동자료

편안한 음악

활동 1 거울놀이

1. 2명씩 짝을 지어 서로 마주본다.

2. 손을 맞대어 밀면 밀리기도 하고 당기기도 하며 힘을 빼고 자연스럽게 움직인다.

3. 등을 맞대거나 손을 잡거나 어깨동무를 하는 등 눈을 감고 친구와 접촉하여 내 몸과 친구의 몸을 느껴본다.

4. 짝과 마주보고 한 명은 자유롭게 내 몸이 움직이고 싶은 대로 움직이고 다른 한 명은 거울이 되었다고 생각하며 자연스럽게 따라한다.

5. 친구가 거울이 될 수 있도록 역할을 바꾸어서 실행한다.

도움말

너무 세게 밀고 당기면 친구가 다칠 수 있으니 장난치면 안 돼요~
천천히 움직이다가 갑자기 빠르게 움직여보기도 하고 웃거나 슬퍼하기도 하는 등의 표정의 변화를 주어도 좋아요.

활동 2 소리 내는 몸, 연주하는 몸

1. 내 몸을 이용하여 어떤 소리를 낼 수 있을까?
   몸을 이용하여 소리를 낼 수 있는 다양한 방법에 대해 생각해 보고 이야기 나눈다.

2. 내 몸 전신을 이용하여 두드려서 소리를 내어 본다.

3. 발바닥과 땅을 이용하여 박자를 만들어 본다.

4. 공간을 이동하면서 입으로 소리 내어 움직여 본다.

5. 리듬에 맞춰 움직임의 높낮이를 달리하며 소리 내고 다양한 동작을 구사한다.

〈활동 예시〉

- 박수치기
- 타잔소리 내기
- 동물소리 내기
- 발을 동동 구르기
- 쿵쾅쿵쾅 걷기

활동 3 생각 키우기와 활동소감

- 친구와 짝을 이뤄 움직인 느낌에 대해 이야기 나눈다.
- 내 몸을 이용해 내본 소리 중 가장 인상적인 것에 대해 이야기 나눈다.

살금살금 다가가 나만의 꽃을 피워 볼까

몸으로 말해요

몸으로 말해요

보고 느끼고 생각한 것을 몸으로 표현해 보자.

활동목표

1. 관찰한 대상을 이해하고 표현할 수 있다.
2. 다른 생각과 다른 표현을 존중할 줄 안다.
3. 음과 색, 시를 이용하여 시간과 공간으로 이해한다.
4. 놀이를 통하여 무용 만들기를 체험한다.
5. 무용을 통하여 사물이나 현상을 이해하는 능력을 기른다.
6. 말이 아닌 몸으로 표현하는 능력을 배양함으로써 자기표현 능력과 상상력을 키운다.

활동자료

생각주머니(스케치북이나 무선노트), 사인펜, 매직펜, 잔잔한 음악

활동 1 무궁화 꽃이 피었습니다

1. 한 명의 술래를 정하고 술래가 벽에 눈을 가리고 기대어 '무궁화'가 아닌 '○○○이 피었습니다'를 외친다.

2. 술래가 외치는 동안 다른 친구들은 술래를 향해 출발선으로부터 움직인다. 술래가 '○○○이 피었습니다' 하며 뒤를 돌아보는 순간, 다른 친구들은 '○○○'의 동작을 하며 움직임을 멈춘다.

3. 술래 가까이 다가가기 전까지 같은 행동을 반복하다가 한 명의 친구가 술래의 등을 두드리면 모든 친구들은 함께 출발선으로 도망간다.

4. 도망을 가는 중에 따라가는 술래의 손에 닿은 친구가 새로운 술래가 된다.

5. 놀이방법을 익히면 "무궁화 꽃이 춤을 춥니다", "무궁화 꽃이 날아갑니다", "무궁화 꽃이 빙빙 돌아요" 등 다양하게 놀이 한다.

도움말

술래 : '호랑이 꽃이 피었습니다'

친구 : (호랑이 흉내를 내는 거에요. 어흥!)

잠깐! 소리는 내지 않고 흉내나 동작만 해야 한답니다.

〈활동 효과〉

● 친밀감 : 친구들과 함께 어울리며 즐겁게 놀기 때문에 친밀감을 조성한다.

● 집중력 : 움직임을 멈추는 순간을 잘 파악해야 하기 때문에 집중력이 향상된다.

● 창의력 : 문제 출제자와 표현자는 다양하게 주제 또는 단어를 설정할 수 있기 때문에 창의력과 사고력을 높일 수 있다.

- 신체운동 : 움직임을 통해 근육 사용과 조절 능력이 생기게 된다.
- 뇌 발달 : 움직이다 재빨리 멈춰야 하므로 순발력뿐만 아니라 뇌 활동에도 좋은 효과를 볼 수 있다.
- 사회성 : 술래의 말에 따라서 빨리 멈춰야 하고, 술래에게 걸린 친구들을 도와주고 다시 걸리지 않게 도망을 가야 하는 놀이규칙을 통해서 사회성을 익힌다.

활동 2 알아맞혀 봅시다

1. 전체 인원수에 따라 6~8명 정도로 모둠을 나눈다.
2. 스케치북이나 A4용지, 우드락 등에 제시어를 주고 몸으로만 표현하여 뒤로 전달한다.
3. 맨 뒤의 친구가 답을 말하게 한다.
4. 3~4번은 몸의 움직임으로 제시어를 맞추게 한다.
5. 5~6개의 제시어를 모두 맞히고 나면, 이번에는 새로운 제시어를 주고 그것을 몸으로 설명할 때 리듬을 넣어 설명하도록 한다.

활동 3 생각 키우기와 활동소감

- 말을 하지 않고 몸으로만 표현할 때 어떠했는지 이야기 나눈다.
- 제시어를 맞히기 위해 어떤 노력을 했는지 이야기 나눈다.

움직이는 조형물 만들기

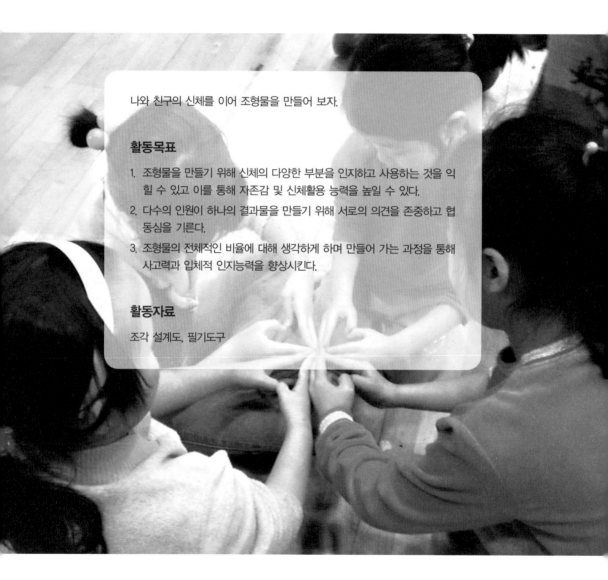

나와 친구의 신체를 이어 조형물을 만들어 보자.

활동목표

1. 조형물을 만들기 위해 신체의 다양한 부분을 인지하고 사용하는 것을 익
   힐 수 있고 이를 통해 자존감 및 신체활용 능력을 높일 수 있다.
2. 다수의 인원이 하나의 결과물을 만들기 위해 서로의 의견을 존중하고 협
   동심을 기른다.
3. 조형물의 전체적인 비율에 대해 생각하게 하며 만들어 가는 과정을 통해
   사고력과 입체적 인지능력을 향상시킨다.

활동자료

조각 설계도, 필기도구

활동 1   우리만의 조형물 만들기

1. 전체 참여자의 수에 따라 5~6명 정도로 모둠원을 구성한다.

2. 신체부위 중 맞닿는 부분 3군데를 설정하여 교사가 불러준다.

3. 모둠별로 순번을 정하고 앞사람이 하고자 하는 생각에 절대 간섭하지 않을 것을 당부한다.

4. 제시한 부위에 한 군데 이상 접촉하여 정지 동작을 만들고 다음 사람이 붙을 경우 가장 멋지게 될 수 있는 조형물(그림)을 상상하여 모양을 만들고 정지한다.

5. 순번대로 이어 가며 가장 멋지다고 생각되는 조형물을 만든다.

6. 이때 선정된 신체 부위의 접촉이 명확한지 교사가 돌면서 살핀다.

7. 모든 모둠의 조형물이 구성되었으면 각 모둠별로 조형물의 제목을 붙이게 한다.

8. 제목과 만들어지는 모습을 다른 모둠에게 발표한다.

9. 발표를 보고 난 후 다른 모둠 친구들이 관람자 입장에서 제목을 다시 붙여준다.

10. 이런 방식으로 제시되는 곳의 신체 부위를 달리해 가며 2~3번 반복하여 멋진 조형물을 설계하는 과정과 결과를 갖는다.

도움말

신체부위 중 손바닥이라 하였는데 손목이 닿아 있는지는 아닌지, 엉덩이라 하였는데 허리까지 맞닿아 있지는 않은지를 확인해서 신체의 각 부위를 잘 설명하여 준다.

활동 2 우리의 조형물에 설계도를 그려 보자

1. 앞의 활동과 달리 3-4명 정도 모둠을 만들어 설계도를 그려 본다.

2. 만들면서 자연스레 조형물이 만들어진 앞의 활동과 달리 이번엔 무엇을 조형할 것인지 미리 결정하여 의도를 가지고 활동한다.

3. 모둠별로 표현하고 싶은 사물이나 건물을 의논한 뒤 표현 방법에 대해 고민해 본다.

4. 각 모둠원들이 맞닿을 신체부위를 정하여 하나의 조형물을 만든다.

5. 다른 모둠의 조형물과 자신의 모둠의 조형물이 만들어지는 과정의 차이에 대해 생각해 본다.

〈활동 예시 : 붙어! 들어! 조각상 만들기 조각 설계도〉

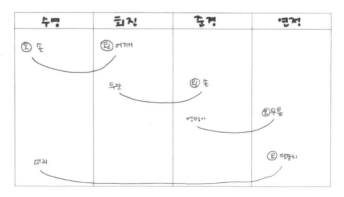

활동 3 생각 키우기와 활동소감

- 친구들의 신체와 나의 신체를 맞닿게 이어 가면서 완성되었을 때의 조각상을 상상해 보았는지 이야기 나눈다.
- 가장 잘 만들어진 모둠의 조각상과 어떤 점이 우리 모둠과 다른지 이야기 나눈다.

● 감성열차

내 마음속 이야기 보따리를 풀어 보자.

활동목표

1. 마음 속을 풀어 놓을 수 있는 계기를 마련한다.
2. 자신의 감정을 명확하게 표현하는 방법을 찾게 한다.
3. 친구들 앞에서 자신 있게 자기를 표현할 수 있는 자신감을 증대시킨다.
4. 움직임의 즉흥성을 통해 유희적 활동을 충족시키고 생산성과 창조성을 향상시킨다.
5. 나와 친구들의 표현방식을 비교해 봄으로써 새로운 행동반응을 습득할 수 있으며 자신의 내면을 탐구해 보는 기회가 될 수 있다.

활동자료

감정표현과 어울리는 음악(빠른 음악, 느린 음악, 기쁜 음악, 슬픈 음악), 의자 4개

활동 1   감성열차

1. 전체 참여자 수에 맞춰 4개 모둠으로 나눈다.

2. 모둠원들을 일렬로 세우고 맨 앞줄에 의자를 놓는다.

3. 교사가 앞에 있는 의자가 마음의 열차라고 이야기해 주며 이제 곧 열차가 출발할 것인데 4대의 열차에 맞춰 우리가 표현해야 함을 설명해 준다.

4. 각 모둠에 순번을 정하고 순서대로 의자 앞에 나와 서게 한다.

5. 열차 탑승하기
   교사 : 각 모둠의 대표가 의자 앞에 나와 서면 교사는 희노애락(喜怒哀樂) 열차가 곧 출발함을 알리고 "우리는 지금 기쁨의 열차에 탑승하였습니다."라고 말한다. "열차가 출발합니다."라고 하면 정말 기뻐 어쩔줄 모르는 표현을 실감나게 한다.
   모두가 오버 액션이 될 정도로 표현을 하는 것이 보이면 교사는 열차가 정지함을 알린다.

6. 이와 같은 방법으로 기쁨의 열차, 분노의 열차, 슬픔의 열차, 즐거움의 열차에 전체 모둠원이 돌아가며 탑승하게 한다.

7. 모둠원 전체가 다 앞에 나와 감정을 표현했으면 지금 마음이 어떠한지 물어 보고, 다시 한 번 참여자 전체가 가상의 열차에 앉아 4가지의 감정을 충분히 표현하고 마무리한다.

도움말

너무 많은 참여자가 있는 경우 몇 명의 대표 주자를 뽑아 앞에 나오게 하고 나머지 모둠원은 의자 없이 가상의 의자에 앉아 감정열차에 탑승하게 한다. 만약 참여자가 쑥스러워하며 잘 진행이 되지 않을 경우 각 팀별로 잘 표현하는 팀이 이기는 게임형태로 진행해도 무방하다.

활동 2   나의 희노애락 표현하기

표정과 움직임으로 다양한 감정들을 즉흥적으로 표현해 보자. 자신의 경험을 토대로 다양한 감정과 그 표현 방법에 대해 생각해 보고 새로운 행동반응을 익혀 보자.

1. 여러 장르의 음악을 듣고 난 뒤 그 감정을 즉흥적인 움직임으로 표현해 본다.

2. 먼저 참여자들 중 4~5명이 모둠이 되어 움직이게 한다.

3. 느리게 혹은 빠르게 움직이면서 기쁨을 표현한다.

4. 느리게 혹은 빠르게 움직이면서 분노를 표현한다.

5. 느리게 혹은 빠르게 움직이면서 슬픔을 표현한다.

6. 느리게 혹은 빠르게 움직이면서 즐거움을 표현한다.

도움말

느리게 움직여보기
빠르게 움직여보기
기쁜 움직임
슬픈 움직임
지금 나의 감정을 표현한다면?

21세기형 다빈치를 만든다

활동 3 생각 키우기와 활동소감

- 즉흥표현으로 감정을 나타내면서 어떤 기분이 들었는지 이야기 나눈다.

- 즉흥적으로 표현하기 어려웠던 감정에 대해 이야기 나눈다.

- 친구들의 표현과 나의 표현에는 다른 점이 있었는지 이야기 나눈다.

- 감정을 말로 표현하는 것과 몸으로 표현하는 것에는 어떤 차이가 있었는지 느낌을 이야기해 본다.

공간이동법을 활용한 즉흥표현

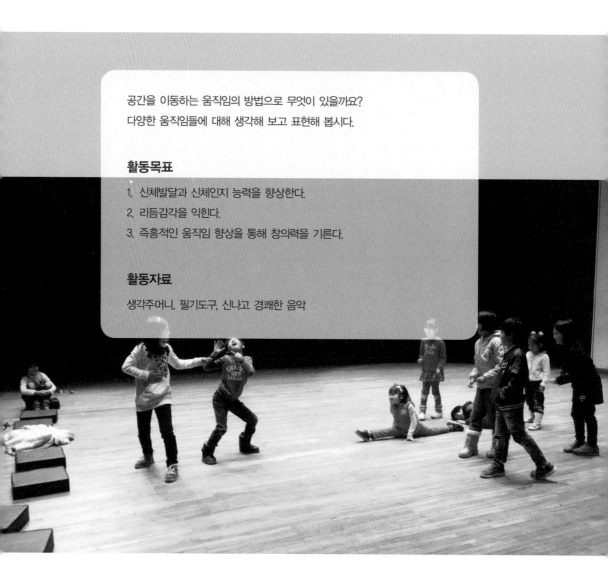

공간을 이동하는 움직임의 방법으로 무엇이 있을까요?
다양한 움직임들에 대해 생각해 보고 표현해 봅시다.

활동목표

1. 신체발달과 신체인지 능력을 향상한다.
2. 리듬감각을 익힌다.
3. 즉흥적인 움직임 향상을 통해 창의력을 기른다.

활동자료

생각주머니, 필기도구, 신나고 경쾌한 음악

활동 1   공간이동을 통한 즉흥표현

1. 앞, 뒤, 옆 방향을 전환하여 공간을 이동한다.

2. 움직임에 박자를 넣어 빠르고 느린 리듬을 만들어 본다.

3. 만들어진 리듬에 패턴을 만들어 움직임을 구사한다.

4. 모둠별로 걷기, 기어가기, 구르기, 뛰기 등으로 공간을 이동한다. 이때 동료들과 호흡을 맞추고 리듬에 맞춰 이동한다.

5. 띠 테이프를 이용하여 직선과 곡선 등의 다양한 공간을 구성한다.

6. 이때 나보다 먼저 진행한 친구들과는 다른 방식으로 표현하며 이동한다.

〈도움말〉

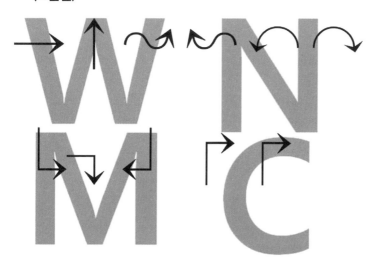

〈활동 예시〉

- 걷기
- 기어가기
- 누워가기
- 구르기
- 돌기
- 뛰기

〈연상해 봅시다〉

- 걷기 – 사람, 원숭이, 닭,
- 기어가기 – 지렁이, 뱀
- 누워가기 – 수달, 포복
- 구르기 – 다람쥐

활동 2   공간을 이동하는 방법에 의한 즉흥표현

1. 공간을 이동하는 움직임들의 수단에 뭐가 있을까?
   앞, 뒤, 옆 방향을 전환하여 공간을 이동하며 뛰고 달려
   본다.

2. 움직임에 박자를 넣어 빠르고 느린 리듬을 만들어 본다.

3. 앞사람과 다른 나만의 방식으로 표현한다.

4. 모둠별로 공간을 이동하며 뛰거나 달리며 서로 호흡을 맞
   추어 리듬에 따라 이동한다.

5. 띠 테이프를 이용하여 직선과 곡선 등의 공간을 만들고 주
   어진 공간 안에서 패턴과 리듬을 만들어 움직인다.

〈활동 예시〉

뛰기, 달리기 등의 다양한 방법을 찾아 쓰기

〈연상해 봅시다〉

뛰 기			
연상동물	상 황		어떻게 될까요? (제한점)
캥거루	행복한 즐거운	슬 픈 외로운	한 발로 뛰기 두 발로 뛰기 건너뛰기 돌 기
메뚜기			
개구리			
토끼			

달 리 기			
연상동물	상 황		어떻게 될까요? (제한점)
말	마라톤 지각했을 때	누군가를 기다릴 때	빠르게 느리게
치타			
표범			
사슴			

활동 3 둘이서 한몸처럼

순간접착제로 붙인 것처럼 신체의 일부를 접촉한 채로 움직여
봐요. 손가락부터 시작해서 손바닥, 팔, 발바닥, 무릎 등 다른
신체도 붙여서 움직여요.

1. 짝과 신체의 일부를 접촉한 채로 움직여 본다.

2. 높게 또는 낮게 움직이다가 속도에 변화를 주어 천천히
   움직여 보고 빠르게 움직이면서 움직임에 다양한 변화를
   준다.

3. 짝과 함께 움직이면서 받았던 느낌에 상상을 더해 창의적인
   동작을 고안해 낸다.

4. 친구들에게 발표를 하고 서로의 움직임에 대해 이야기를
   들어 본다.

〈활동 예시〉

● 어떤 움직임들을 해야 친구가 순발력 있게 따라할 수 있을
  까요?

● 좌우로 움직이기, 거울 만지기, 높낮이 변화, 뛰기 등 천천
  히 움직여 보고 점차적으로 속도를 높여 움직인다.

● 답답하다 : 속이 답답해서 가슴을 치는 동작, 코를 막아서
  숨이 막혀서 답답한 동작, 답답하여 짜증이 나서 머리를 쥐
  는 동작 등

도움말

행동주체와 행동주체의 반사
된 모습을 표현할 짝을 정해
마주보고 선다.
행동 주체는 평소 거울을 보
고 하는 행동을 짝과 마주서
서 해 본다.
예시) 머리 만지기, 얼굴 보기,
     옷매무새 다듬기 등
반대쪽에 서 있는 짝은 친구의
모습이 거울에 비친 듯 그대로
따라한다.
행동 주체는 일상적인 동작들
이 아닌 색다른 움직임을 해
본다.

활동 4 생각 키우기와 활동소감

- 캥거루와 토끼의 뛰기를 비교할 수 있을까?
- 마라톤을 할 때와 지각했을 때의 달리기는 어떤 점이 다른지 이야기 나눈다.
- 친구와 호흡을 맞추어 공간 이동을 해 본 느낌이 어떤지 이야기 나눈다.
- 친구의 모습과 움직임을 관찰해 본 느낌이 어떠했는지 이야기 나눈다.
- 친구와 떨어지지 않고 움직일 때 친구와의 힘의 균형이 어땠는지 이야기 나눈다.
- 신체 각 부분끼리의 관계 그리고 친구와 나의 관계를 생각하고 이야기 나눈다.

춤추는 글자나라

춤추는 글자나라에 오신 것을 환영합니다.
우리 모두 신나게 춤을 춰봐요.~~~

활동목표

1. 몸을 이용해서 친구들과 함께 글자나 기호를 만들 수 있다.
2. 만들어진 글자에 리듬을 입혀 무용작품을 만들 수 있다.

활동자료

생각주머니, 동요 또는 국악동요 등의 음악, 글자보드

활동 1　몸으로 만드는 글자

1. 친구들과 함께 신나는 글자 만들기!
   자음과 모음, 알파벳, 기호 중에 몸으로 만들 수 있는 것엔
   어떠한 것들이 있는지 알아본다.

2. 혼자서 자신의 신체를 이용하여 글자(자음, 모음, 숫자, 알파벳, 기호
   등)를 만든다.

3. 2~7명까지 모둠을 만들어 글자(자음, 모음, 숫자, 알파벳, 기호 등)를
   만든다.

4. 친구들이 만든 글자를 서로 알아맞혀 본다.

5. 모둠별로 단어가 되도록 글자를 만들어 본다.

도움말

1인이 할 수 있는 것과 2인이 할 수 있는 것들, 우리 몸이 선이 될 수 있는 것들에 대한 도움을 준다.

도움말

활동을 하기 전에 스트레칭을 해 근육의 긴장감을 완화시킨다. 활동 중 글자를 만들 때에는 꼭 누워서만이 아니고 다양한 결합을 통해서 만들 수 있는 글자의 예를 들어 준다. 활동 마무리 전에 아이들이 서로 다른 친구들이 만든 글자를 보며 어떤 글자일지 맞혀 보기를 하거나 서로 칭찬하는 시간을 가져 본다.

글자를 꼭 누운 평면 형태로만이 아닌 입체로 세워 만들 수 있음을 교사가 인지시켜 준다.

우리의 몸은 딱딱함도 유연함도 표현할 수 있고
손만 이용해도 여러 가지 글자를 나타낼 수 있어요.

활동 2 춤추는 글자나라

1. 모둠별로 원하는 글자를 만든다.

2. 만들어진 글자를 해체해서 다시 모이게 한다.

3. 이때 리듬과 패턴에 맞추어 해체되었다 원래 글자로 다시 모이게 한다.

4. 이렇게 다양하게 해체되었다 다른 형태로 결합되었다 다시 모이게 하는 동작을 3~4개 창작하게 한 다음 음악에 맞춰 처음 정한 글자로 시작과 끝을 맺게 하여 하나의 작품을 구성한다.

도움말

예를 들어 '다'라는 글자가 만들어지면 각 부분을 담당한 친구들이 각자의 위치에서 바깥 방향으로 4박 나갔다 4박 들어오고 원이 되어 손잡고 우측으로 4박 가서 각자 자리에서 4박 돌고 다시 원이 되어 좌측으로 4박에 돌아와 '다'자를 만들게 한다.

이때 4박자와 3박자 또는 6박자의 음악을 틀어주고 리듬감과 박자감을 익히게 한다.

〈활동 효과〉

● 표현력: 몸으로 글자나 기호를 만들 수 있도록 다양하게 움직이면서 표현력이 향상된다.

● 사고력: 신체로 어떻게 구성을 해야 글자를 만들 수 있을지 생각하고 표현하는 방법을 떠올리며 사고력을 향상시킨다.

● 창의력: 신체를 활용하여 어떻게 글자를 만들지 유연하게 사고하고 친구가 몸으로 만든 글자를 보며 무엇일지 생각하는 과정에서 창의력을 키운다.

활동 3   생각 키우기와 활동소감

- 혼자서 글자를 만들었을 때와 둘이 만들었을 때 모둠으로 만들었을 때 어떤 것이 더 편안했는지 또 어떤 때 멋진 작품이 나오게 되었는지 이야기 나눈다.

- 음악에 맞춰 박자를 인지하고 움직일 때 어떤 어려움이 있었는지 이야기 나눈다.

- 아쉬웠던 점과 한 번 시도해 보고 싶었던 움직임에 대해 이야기 나누고 시범 실현을 한다.

몸으로 표현해요

● 너, 나 그리고 우리

눈을 감고 맞닿아 있는 손바닥에 집중해요!
내 짝꿍의 에너지는 어떤 느낌일까요?

활동목표

1. 친구의 에너지를 느끼고 느낀 감정을 자유롭게 몸으로 표현한다.
2. 친구에게 받은 에너지의 느낌을 여러 개의 동작으로 표현하고 이를 연결
   시켜 스토리를 만든다.
3. 만들어진 스토리를 토대로 짧은 단막극을 만든다.

활동효과

● 신체발달과 신체인지 능력 향상
● 창의력 향상
● 집중력 향상
● 즉흥적인 움직임

활동자료

효과음향, 여러 가지 상상을 촉진시킬 수 있는 음악

활동 1 나의 에너지를 느껴봐 Ⅰ

1. 인원수에 맞춰 두 줄로 선다.

2. 서로 마주본 상태에서 눈을 감고 검지 손가락을 들어, 닿기 직전까지 붙이고 서로의 에너지를 느껴 본다.

3. 일정 시간이 지나면 정지하고 서로의 에너지를 전달하고 느낌을 이야기한다.

4. 다시 한 번 같은 자세를 취하고 교사가 정해준 쪽의 줄이 반대쪽을 리드하여 움직인다.

5. 리드하지 않는 반대쪽은 상대의 에너지에 집중하고 상대가 리드하는 대로 움직임을 따라한다.

6. 이번엔 눈을 뜨고 다른 편이 리드하여 움직인다.

7. 움직일 때 다리도 같이 움직여서 공간도 이동하고 높낮이도 다르게 움직여 본다.

활동 2 컨텍 무용을 이용해 즉흥춤 만들기

1. 둘씩 짝을 지어 ET처럼 손가락을 마주댄다.

2. 서로의 에너지를 느끼면서 다양하게 움직인다.
   ex) 뛰기, 돌기, 앉기, 구르기 등

3. 서로 마주보던 각도를 바꾸어 나란히 또는 등을 대는 형태의 움직임도 만들어 본다.

4. 손가락을 떼고 몸을 맞닿아 다양한 듀엣 동작을 만들어 본다.

활동 3 나의 에너지를 느껴봐 Ⅱ

1. 참여자들을 두 모둠으로 나눈다.

2. 나눈 두 모둠을 안과 바깥 2개 원으로 서로 마주보고 선다.

3. 각자의 손바닥을 비벼 열이 나면 마주 선 짝꿍과 손바닥을 맞닿는다.

4. 먼저 한쪽 원의 친구들이 상대와 손을 맞닿을 때 느낌을 이야기한다.

5. 안의 원 친구들이 시계방향으로 한 칸씩 이동, 짝을 바꾼다.

6. 같은 방법으로 손바닥을 비벼 친구와 맞닿아 전달되는 에너지를 느낀다.

7. 이번에는 짝꿍에게서 전달된 에너지의 느낌을 안의 원과

도움말

느낄 수 있는 것
따뜻하다, 차갑다, 날카롭다, 간
지럽다.

차갑다 → 추워서 손에 입김을
호호 부는 동작, 움츠리는 동
작, 열을 내기 위해 몸을 비비
는 동작 등

8. 안의 원의 친구들을 다시 한 번 시계방향으로 돌아 옆의 짝과 마주한다.

9. 같은 방식으로 손을 맞닿아 전달되는 에너지의 느낌을 느끼게 한 후 느낀 감정을 이야기 나눈다.

10. 이야기 나눈 감정을 짝과 같이 세 개에서 다섯 개의 동작으로 만든다. 이때 시간은 3~5분 이내로 한다.

11. 만들어진 동작을 발표하고 느낌을 이야기 나눈다.

12. 다시 한 번 짝을 바꿔 반복한 다음 느낀 감정을 5개에서 7가지 동작으로 만든다.

13. 만들어진 동작 사이에 연결동작을 넣어 소품을 완성시킨다.

14. 처음 동작을 만들던 느낌을 살려서 만들어진 동작에 이야기를 붙이고 다시 수정, 보완한다.

〈활동 예시〉

친구에게서 느낀 것들을 몸으로 표현해 봐요!

● 연상해 봅시다

따뜻하다 : 핫초코, 난로, 목욕

차갑다 : 아이스크림, 겨울, 바람

날카롭다 : 바늘, 가위, 칼

간지럽다 : 귀 파기, 간질이기, 마음이 간지럽게, 애틋한
　　　　　마음

활동 4 친구 따라잡기

1. 수업공간에서 움직일 수 있는 제한적 공간을 정한다.

2. 주어진 공간 안에서 자기가 좋아하는 제스처(몸동작)를 하며 달린다.

3. 달리다 맘에 드는 동작으로 움직이는 친구가 있으면 꼬리를 물고 똑같이 따라하며 달린다.

4. 꼬리잡기처럼 친구의 뒤를 따라다니면서 동작의 패턴과 리듬을 따라하다 또 다른 친구의 움직임이 눈에 들어오면 꼬리에서 이탈하여 다른 친구의 뒤를 따라 똑같이 움직인다.

5. 친구의 뒤를 따르다 내가 새로운 동작에 특별한 리듬과 패턴이 생각나면 혼자 따로 움직인다.

6. 느낌을 이야기하자.
   충분히 움직임을 구사하였다고 교사가 판단되면 정지시키고 어떤 느낌과 어떤 모습에 충실하여 움직였는지 물어 보고 그 느낌과 동작에 대해 피드백해 준다.

7. 먼저 했던 것보다 활발하게 움직이도록 지도하며 다시 한 번 실행한다.

활동 5 길 그리고 게임

1. 참여자 전체에게 공간을 정해주고 주어진 공간 안을 뛰게 한다.

2. 일정 시간을 뛰고 나면 몇 명을 선택하여 어떻게 달렸는지, 달리는 동안 옆 친구들의 속도는 인지하였는지 질문한다.

3. 다시 같은 방식으로 달리게 하는데 속도를 조금 더 올려 달려 보게 한다.

4. 일정 시간을 달리고 나면 다시 같은 질문을 아까와는 다른 친구에게 한다.

5. 공간 속 속도 익히기
   몇 번의 반복을 통해 공간 속에서 달리는 동안 서로 부딪치지 않고 피부로 느낌을 찾는 법을 깨닫는다.

6. 동물나라 따라잡기
   달리는 도중 교사가 제시어를 주면 제시어에 맞는 동물의 동작을 흉내내며 춤추듯 움직인다.

활동 6 생각 키우기와 활동소감

- 기억에 남는 움직임은 어떤 모양에 어떤 리듬이었는지 이야기 나눈다.
- 친구를 따라 달릴 때 무엇에 초점을 맞추었는지 이야기 나눈다.
  ex) 속도, 공간 확보, 움직임, 모양 등
- 다양한 감각을 몸으로 표현해 본 느낌을 이야기 나눈다.

● 춤의 기호

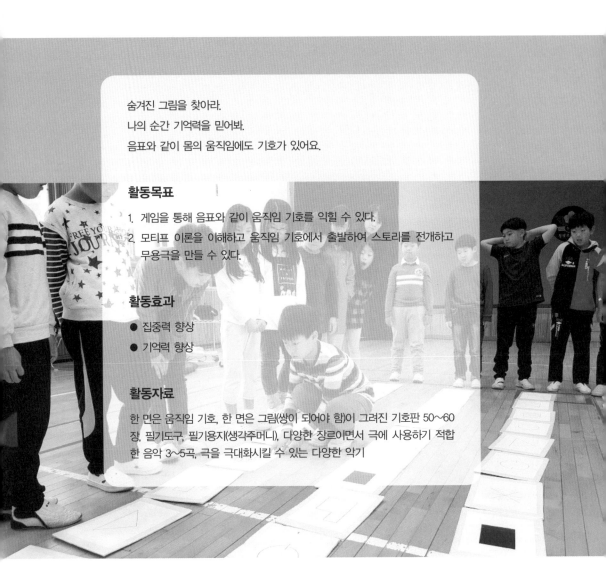

숨겨진 그림을 찾아라.

나의 순간 기억력을 믿어봐.

음표와 같이 몸의 움직임에도 기호가 있어요.

활동목표

1. 게임을 통해 음표와 같이 움직임 기호를 익힐 수 있다.

2. 모티프 이론을 이해하고 움직임 기호에서 출발하여 스토리를 전개하고 무용극을 만들 수 있다.

활동효과

● 집중력 향상

● 기억력 향상

활동자료

한 면은 움직임 기호, 한 면은 그림(쌍이 되어야 함)이 그려진 기호판 50~60장, 필기도구, 필기용지(생각주머니), 다양한 장르이면서 극에 사용하기 적합한 음악 3~5곡, 극을 극대화시킬 수 있는 다양한 악기

활동 1 춤의 기호 익히기(짝 맞추기 게임)

1. 움직임 기호가 위로 보이도록 섞어 바닥에 열 맞춰 놓는다.

2. 전체 참여자수에 따라 6~8명이 한 모둠이 되도록 모둠을 나눈다.
   '다 같이 춤을 추다가 그대로 멈춰라' 노래에 맞춰 게임을 진행한다. 그대로 멈춰라에 움직인 친구들을 원 안에 앉히는 형태로 3~4번 반복한 후 노래가 끝나면 교사가 원하는 모둠의 수만큼 명수를 불러 모둠을 결정해도 좋다.

3. 모둠 대표들이 나와 가위바위보로 게임의 순서를 정한다.

4. 순서가 정해지면 각 모둠원들의 순번을 매긴다.

5. 한 명씩 번갈아가며 진행하는데 한 명당 2개의 판을 뒤집을 수 있고 같은 그림이 나오면 2개의 판을 획득한다.

6. 같은 그림을 골라서 판을 획득한 사람은 한 번의 기회를 더 준다. 만약 또 같은 그림이 나오면 판을 획득하고 마지막 기회가 더 주어진다. 이때 판 뒤집기 게임에 선수로 나선 친구들에게 다른 친구들이 어떤 특정한 것을 뒤집게 큰소리로 강요하지 않도록 한다.

도움말

바닥에 가려져 보이지 않는 그림들을 기억하려고 하겠지만 위로 보이는 움직임 기호들을 계속 보면서 눈에 익게 되고 어떤 기호인지 궁금증을 유발하게 된다.

모티프 이론의 활용

모티프 이론이란?
안무가가 상상한 움직임들의 의도를 자세한 동작들에 대한 구체적인 묘사 없이, 간단한 몇 개의 기호를 가지고 피교육자 스스로 잠재적인 움직임들을 발견하도록 돕는 방법론이다. 간단한 기호들을 사용하여 구체적인 움직임의 기록에서는 채워줄 수 없는 창작의 자유라는 가치에 대한 새로운 접근을 할 수 있도록 도움을 준다. 기호를 읽거나 해석하는 사람 자신의 생각과 즉흥, 창의력을 가질 수 있도록 하기 위해 기호들을 아주 적게 기록한다.

활동 2 춤의 기호 익히기(움직임의 기호)

1. 기호 연결하기
   지난 차시에 모둠별로 획득한 기호판과 움직임 기호에 대한
   설명 자료를 함께 나눠준다.

2. 자료를 함께 보며 기호마다 어떤 움직임을 뜻하는지 익힌다.

3. 팀별로 획득한 기호판을 일렬로 나열한다.

4. 나열된 순서대로 기호에 맞게 한 명씩 움직여 본다.

5. 한 번 해 본 움직임을 생각하고 멋진 움직임이 나올 수 있
   도록 기호판을 섞어 다시 나열하고 움직여 본다.

6. 같은 움직임 기호이지만 변화를 주어 움직여 본다.
   ex) 낮아지기에 조금씩 앉으면서 낮아졌다면 한 번에 큰 움
   직임으로 낮아져 보기.
   돌기에 한 발로 돌았다면 다음번에 두 발로 점프하며 돌기.

7. 기호판을 보고 움직임을 하면서 슬픈날의 움직임, 기쁜날
   의 움직임 등등 지시어를 주고 같은 기호판을 보고 다르게
   움직여 본다.

〈움직임 예시〉

> 돌기– 팔을 머리 위로 올려 동그라미를 그리며 돌기
>
> 뛰기– 엉덩이 차며 뛰기, 다리 찢으며 뛰기
>
> 왼쪽으로– 이동하는 개념을 넘어 왼쪽으로 팔이나 다리
>   를 뻗기

〈춤의 기호 예시〉

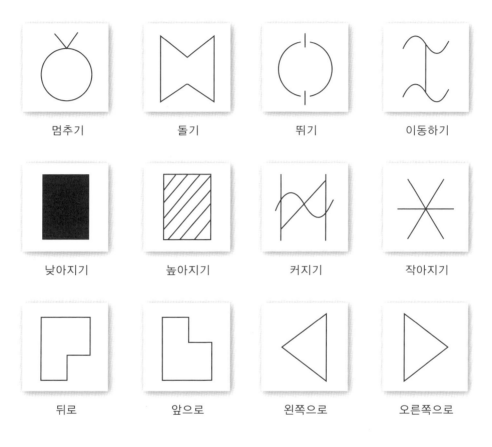

멈추기	돌기	뛰기	이동하기
낮아지기	높아지기	커지기	작아지기
뒤로	앞으로	왼쪽으로	오른쪽으로

활동 3 춤의 기호로 문장 만들기

1. 움직임이 주는 느낌은 어떤 단어들로 연결되어 있는지 찾아 본다.

> 낮아지기 – 겸손하다
>
> 뛰기 – 해방되다
>
> 커지기 – 성장하다
>
> 뛰기 – 돌파하다
>
> 돌기 – 회오리

2. 움직임이 주는 느낌을 단어로 연결해 본다.

> **움직임으로 문장 만들기**
>
> 움직임 기호를 기반으로 한 움직임은 어떤 느낌일까요?
>
> 느낌에 맞는 단어를 찾아 봅시다.

3. 연결된 단어를 조합하여 문장을 완성해 본다.

〈생각해 봅시다〉

> 어떤 문장을 만들 수 있을까요?
>
> **〈활동 예시〉**
>
> 학교생활을 시작(앞으로)했지만, 공부 때문에 움츠렸습니다.(작아지기) 고난을 딛고(뛰기), 산 넘어 산(멈추기)을 정면 돌파(뛰기) 했습니다. 비틀비틀(작아지기) 힘들기도 했지만, 성장(커지기)했기 때문에 잠시 멈추어 생각했습니다.(멈추기) 그래서 방황(오른쪽으로)하지 않고 바른길(왼쪽으로)을 찾아 나섰습니다.
>
> — 2015 조안초 6학년

4. 완성된 문장을 토대로 스토리를 만들고 역할을 설정해 본다.

```


```

5. 설정된 역할에 맞는 동작으로 짧은 단막극을 만들어 본다.

〈생각해 봅시다〉

> 어떤 스토리를 만들 수 있을까요?
>
> **〈활동 예시〉**
>
> 학교생활을 시작하여 친구들과 사이좋게 지내며 즐거운 생활을 하고 싶었지만 좋지 않은 성적 때문에 위축되어 즐거운 학교생활을 보낼 수가 없었습니다. 너무 힘겨워서 지쳐 쓰러지기도 하고 비틀비틀거리며 긍정적인 생각을 할 수 없어 힘겨운 시간을 지냈습니다. 하지만 이러한 시간들을 지내며 깊이 생각한 결과 나는 할 수 있다는 생각을 하게 되었습니다. 그래서 모든 일에 최선을 다하고 긍정적인 마음으로 정면 돌파를 했습니다. 나는 더 이상 방황하지 않고 바른길로 걸어가고 있습니다.

도움말

매끄럽고 몸으로 표현하기 좋은 스토리가 될 수 있도록 도와주세요.
모든 팀원들이 참여할 수 있도록 배역 설정을 도와주세요.

활동 4 음악과 놀기

1. 음악을 틀어놓고 어느 정도 들었을 때 한 명씩 음악에서 어떤 감정이 느껴지는지 이야기한다.
2. 준비한 음악을 모두 들려주며 1번을 반복 실행한다.
3. 느낀 감정들에 맞는 움직임의 기호를 찾아 3가지의 표현동작을 만든다.

〈생각해 봅시다〉

> 지금 듣는 음악은 어떤 이야기를 하고 있는 걸까요?

> 어떤 감정이 느껴지나요?

> 어떤 감정들이 있을까요?
>
> 긍정적– 신난다, 따뜻하다, 시원하다, 사랑스럽다 등
> 부정적– 무섭다, 슬프다, 쓸쓸하다, 지루하다 등

도움말

느낀 것들을 어떻게 몸으로 표현할 수 있을까요?
신난다 : 힘 있게 높이 뛴다, 몸을 좌우로 흔든다.
쓸쓸하다 : 바닥에 쪼그려 앉는다, 힘없이 팔짱을 끼고 아래를 본다.

4. 음악을 듣고 느낀 감정들을 몸으로 표현해 본다.

활동 5 춤의 기호에 스토리 입히기(우리만의 창작극 만들기)

1. 활동 3에서 만들었던 문장들을 모둠원들과 의논하여 수정, 보완한다.

2. 무용극 만들기
   수정된 대본에 맞춰 배역을 정한다.
   대본에 맞는 움직임과 동선을 만든다.

3. 활동 4에서 음악을 듣고 움직여 본 감정을 되살려 대본(스토리)에 맞는 음악을 찾는다.

4. 음악에 맞춰 동작과 동선을 따라 연습한다.

5. 모두가 정리되면 모둠별로 발표한다.

〈생각해 봅시다〉

움츠리는 것은 어떤 움직임이 될까요?

성장하는 것은 어떤 움직임이 될까요?

우리들만의 스토리로 창작극을 만들어 봅시다.

어떠한 움직임으로 스토리텔링할 수 있을까요?

도움말

1. 같은 동작이지만 표정에 따라 다른 느낌을 줄 수 있습니다.
2. 모두가 같은 동작을 하여도 리듬, 동선, 구도에 변화를 줄 수 있습니다.
3. 음악에 맞게 리듬을 가진 움직임을 표현할 수 있도록 도와주세요.
4. 극에 맞는 음악을 선정할 수 있게 도와주세요.(아이들이 선택한 음악으로 발표하거나, 선택하지 못하면 극에 맞는 음악을 선생님이 선정해 주세요.)

〈생각해 봅시다〉

어떤 대형이 있을까요?

활동 6 생각 키우기와 활동소감

- 기호를 보고 움직이는 것이 어떠했는지 이야기 나눈다.

- 움직임으로 연상되는 단어로 문장을 만드는 것에 대해 이야기 나눈다.

- 완성된 문장을 보며 어떤 움직임이 연상되었는지 이야기 나눈다.

- 같은 움직임에 리듬, 강약, 박자 변화를 주었을 때 어떤 느낌이었는지 이야기 나누고 2~3명이 다시 한 번 잘되었던 부분을 해본다.

- 구성원 간의 역할 분담과 협동이 창작극 구성에 미치는 영향에 대해 이야기 나눈다.

- 내가 스토리를 만들어서 그에 맞는 동작을 만들고 발표를 한 소감에 대해 이야기 나눈다.

오감으로 느낀 것은 어떤 모습일까

느낌을 표현해요

● 꽃과 나비

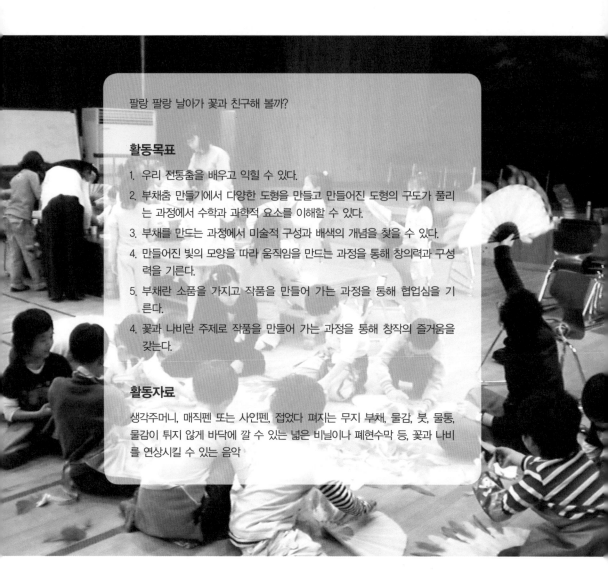

팔랑 팔랑 날아가 꽃과 친구해 볼까?

활동목표

1. 우리 전통춤을 배우고 익힐 수 있다.
2. 부채춤 만들기에서 다양한 도형을 만들고 만들어진 도형의 구도가 풀리는 과정에서 수학과 과학적 요소를 이해할 수 있다.
3. 부채를 만드는 과정에서 미술적 구성과 배색의 개념을 찾을 수 있다.
4. 만들어진 빛의 모양을 따라 움직임을 만드는 과정을 통해 창의력과 구성력을 기른다.
5. 부채란 소품을 가지고 작품을 만들어 가는 과정을 통해 협업심을 기른다.
4. 꽃과 나비란 주제로 작품을 만들어 가는 과정을 통해 창작의 즐거움을 갖는다.

활동자료

생각주머니, 매직펜 또는 사인펜, 접었다 펴지는 무지 부채, 물감, 붓, 물통, 물감이 튀지 않게 바닥에 깔 수 있는 넓은 비닐이나 폐현수막 등, 꽃과 나비를 연상시킬 수 있는 음악

활동 1 꽃과 나비

1. 꽃과 나비에 대해 이야기 나눈다.

2. 꽃과 나비의 움직임 영상을 본다.

3. 둘씩 짝을 지어 꽃과 나비의 역할로 나누어 움직임을 만든다.
   일상적인 움직임은 배제하고 우리만의 독특한 움직임을 가지고 먼저 본 영상에서의 상징적 움직임으로 표현할 수 있도록 지도한다.

4. 꽃에서 나비가 날아가는 움직임의 동선을 생각주머니에 그린다.

5. 생각주머니의 설계로⒨에 따라 움직인다.

6. 표현하고자 하는 것에 가깝게 하기 위해서 동선을 수정·보완해서 움직인다.

7. 꽃과 나비의 역할을 바꿔 움직임을 표현한다.

활동 2 부채춤 따라잡기

1. 부채춤 동영상을 본다.

2. 부채의 펴고 접는 방법을 익힌다.

3. 부채의 기본동작 10개 정도를 따라하여 숙련해 본다.

4. 참여 인원에 따라 5~9명으로 모둠을 나눈다.

5. 모둠별로 부채를 활용하여 꽃의 모양을 만든다.

6. 부채를 이용하여 나비의 움직임을 표현한다.

7. 모둠별로 꽃과 나비의 움직임을 섞어 만든다.

8. 꽃과 나비 모양 외에 부채를 활용하여 다양한 움직임을 만든다.

9. 영상을 보고 기억에 남는 모양을 모둠별로 세 개씩 만든다.

10. 구성된 움직임을 연결할 수 있는 동작을 첨가하여 작품을 완성시킨다.

활동 3 부채이야기 만들기

1. 모둠별로 주제를 정하고 이야기를 만든다.(스토리보드 만들기)
   ex) 파도, 여름, 꽃과 나비, 블랙홀, 드래곤 페스티벌 등등

2. 각자 주제에 맞는 동작들을 하나 이상씩 만들어 이야기를 나누고 조율한다.

3. 여러 가지 동선 등이 교차되며 이동하는 동선에 수학적·과학적 계산이 필요하고 움직여야 됨을 교사가 참여자들에게 이해시키고 한 가지 예시를 보여준다.

4. 동작이 만들어지면 패턴을 만들고 리듬을 넣어 동선과 구도를 고려하여 연결한다.

5. 어울리는 음악을 선정하고 음악에 맞춰 동작을 연결하고 마무리한다.

활동 4 나만의 부채 만들기 Ⅰ

1. 부채 만들어 놀아 보기.
   ① 1인당 부채를 두 개씩 나눠준다.
   ② 바닥에 물감이 묻지 않게 넓은 비닐이나 폐현수막 등을 펼쳐놓는다.
   ③ 비닐 위에 부채를 펼쳐놓고 동그랗게 둘러앉는다.
   ④ 조명은 낮추거나 커튼을 쳐서 약간 어두운 상태로 놓은 다음 야광 물감을 돌아가면서 부채에 뿌린다.

2. 조명을 끄고 야광이 주는 느낌과 움직임을 감상하고 이야기 나눈다.

3. 조명을 켜고 느낀 감정들을 몸으로 개인이 표현한 다음 2~3명씩 모둠 지어 표현한다.

4. 비슷한 느낌을 가진 사람들끼리 모여 옴니버스 형태의 움직임을 만든다.

활동 5 나만의 부채 만들기 Ⅱ

1. 무지부채를 1인당 2개씩 나눠준다.

2. 부채에 그리기 전에 모둠원의 이야기를 생각주머니에 구상하고 어느 부분에서 개인별로 나눌 것인지 구상을 한다.

3. 모둠별로 만들어진 이야기에 맞는 상징성을 부채에 그려 넣는다.
   ex) 용이 상징성이 되면 모둠원들이 부채를 이어 펼쳤을 때 용의 모습을 각 부위별로 그려 넣어 용의 모습이 멋지게 펼쳐질 수 있게 상상하고 그 모습을 조화롭게 그려 넣는다. 해와 달이 주제이면 우리 전통문양의 일월도처럼 어느 한 부분에서 부채를 펼쳤을 때 해와 달과 그 사이의 대지 등이 조화롭게 펼쳐질 수 있게 그려 넣는다.

4. 만들어진 부채를 활용하여 작품을 발표하고 감상문을 발표한다.

활동 6 생각 키우기와 활동소감

- 부채를 통해 수학과 과학을 경험한 느낌을 나눈다.
- 부채를 접었다 폈다 하면서 도형을 만들고 동선을 이동할 때 어려웠던 점과 이때의 해결방안이 어떠한 것들이 있었는지 이야기 나눈다.
- 부채에 야광빛깔의 색깔을 뿌렸을 때 느꼈던 느낌을 맘껏 표현했는지 이야기 나누고 아쉬운 친구들은 다시 한 번 발표해 본다.
- 주제를 정하고 우리만의 부채춤을 만들었던 과정에 대해 이야기 나눈다.

땅속나라 개미왕국을 찾아서

오늘 나는 여왕개미, 너는 전사개미 ~~.

활동목표

1. 개미들의 일을 표현해 봄으로써 유연성과 협동심을 기를 수 있다.
2. 개미들의 움직임을 상상하고 표현해 봄으로써 표현력을 증대시킬 수 있다.
3. 개미왕국을 만들어 봄으로써 공간인지 능력 향상 및 공간 구성력을 향상 시킬 수 있다.
4. 개미왕국의 스토리를 만들고 이를 무용극으로 만들 수 있다.

활동자료

요가공, 음악, 개미관련 서적, 필기도구(생각주머니)

동물왕국 만들기 재료 : 두꺼운 도화지, 박스, 풀, 사인펜, 골판지 등

개미머리 장식 만들기 재료 : 머리띠, 스프링, 공예철사 등

활동 1 개미야 놀자

1. 개미에 대해 이야기 나눈다.
   ex) 개미의 종류, 개미의 습성, 개미의 활동영역, 개미집 등
2. 참여자수에 맞춰 2~3모둠으로 나눈다.
3. 각 모둠별로 일렬로 누워 개미들이 협동하여 음식을 나르는 게임을 진행한다.
4. 1번 주자에게 요가공을 주고 손을 쓰지 않고 맨 뒤 친구에게 도착하게 하고 중간에 공이 떨어지면 다시 1번 주자부터 시작하게 한다.
5. 마지막 주자에게 공이 도착하면 들고 맨 앞으로 뛰어와 다시 시작한다. 이렇게 반복하여 맨 처음 주자가 맨 앞에 다시 먼저 도착한 모둠이 승리한다.

활동 2 개미왕국을 찾아서

1. 모둠별로 개미를 만든다.

2. 땅속 개미왕국을 상상하여 모둠별로 개미마을을 만든다.

3. 만든 개미마을에 재미있는 이야기를 덧씌우고 스토리텔링을 한다.

활동 3 여왕개미가 되어 볼까, 일개미가 되어 볼까~

1. 전체 참여자들의 수에 따라 5~7명씩 모둠을 나눈다.

2. 개미 이야기의 단락 단락을 큰 소리로 읽는다.
   다 함께 읽어도 좋고 한 명씩 돌아가며 발표 형태로 읽어도 좋다.

개 미

개미는 여왕개미를 중심으로 가족적인 집단생활을 한다. 개미는 여왕개미, 수개미, 일개미의 3계급이 있다. 일개미는 소형이며 날개가 없고, 큰 것과 작은 것 두 가지가 있는데 큰 것은 병정개미라고 한다. 병정개미는 외적을 방어하거나 딱딱한 먹이를 잘게 부수는 역할도 하고 망을 보는 역할도 한다.

여왕개미가 가장 크며, 수개미, 일개미의 순서로 작아진다. 여왕개미의 날개는 이탈성이 있어, 교미 후에 스스로 떨어진다. 개미는 머리, 가슴, 배의 3부분이 뚜렷이 구별되며 가슴과 배 사이에 1마디, 또는 2마디의 복병결절이라는 것이 있다.

둥지는 땅 속에 만드는 것과 지상에 만드는 것이 있다. 땅 속에 만드는 것은 대부분 돌 밑이나 쓰러진 나무 밑에 만들며 다소 불규칙한 통로와 방으로 되어 있고, 지면에 입구가 있는 것은 흙을 분화구 모양으로 올려놓거나 그 위에 마른 잎, 마른 풀, 가지 등을 쌓아올려 그 속에 통로를 만들기도 한다.

개미는 어두운 곳에 집을 짓고 살기 때문인지 눈이 그다지 발달하지 않았다. 그 대신에 더듬이가 매우 발달하여서 사물을 구별할 수 있을 뿐만 아니라 맛이나 향기까지 알아낼 수 있다고 한다. 먹이를 찾았다고 동료에게 알리는 것도, 적과 자기 동료를 구별하는 것도 모두 더듬이 역할이다.

개미는 6개의 다리를 가지고 있는데 발톱은 갈고리 모양으로 되어 있어 미끄러운 유리도 거뜬히 올라갈 수 있다.

개미는 이유 없이 싸우지는 않는다. 단지 먹이를 독점하고 둥지를 보호하기 위해 싸운다. 개미는 싸울 때 독액뿐만 아니라 날카로운 입으로 물기도 하고 꼬리에 칼이 달린 개미도 있어 이를 무기로 싸우기도 한다.

수개미와 여왕개미는 둥지에서 나와 공중으로 날아올라 결혼을 하는데 이것을 결혼비행이라고 한다. 결혼이 끝나면 수컷은 곧 죽고 지상으로 돌아온 여왕개미는 날개를 떼어버리고 작은 틈을 찾아 알을 낳는다.

개미는 동료 일개미를 만나면 더듬이로 몇 번 그 동료를 두드린 다음 돌아서서 먼저 목적지를 향해 걷기 시작한다. 그러면 동료 일개미는 앞서가는 개미의 몸에 거의 기대듯 바짝 뒤를 쫓는다. 앞서가는 개미는 뒤따라오는 동료의 더듬이가 더 이상 자기 몸을 건드리지 않으면 걸음을 멈추고 뒤돌아서 동료를 찾는다. 동료가 잘 따라오지 않을 때는 입으로 물고 끌어당기기도 한다. 냄새길을 놓아 한꺼번에 여러 동료들을 동원할 길을 만들기도 한다.

3. 읽어본 이야기 중 표현해 보고 싶은 단락을 선택한다.
4. 선택한 단락을 모둠원들과 함께 스토리를 덧입히고 배역을 정해 무용극으로 만든다.

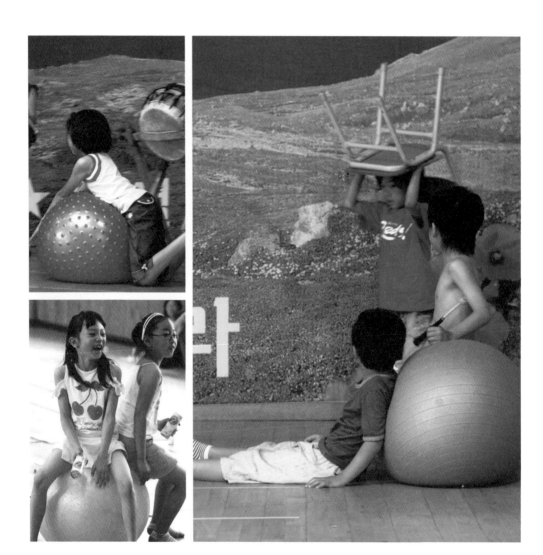

활동 4 땅속 개미왕국

1. 모둠별로 선택한 단락을 중심으로 개미의 하루일과를 상상하여 이야기 나눈다.

2. 모둠별로 발표한 일과를 중심으로 어느 단락의 어떤 개미들 이야기인지 다른 모둠 친구들이 맞혀 본다.

3. 몸으로 표현도 해 보고 하루일과에 대해 나눈 이야기를 토대로 장면, 장면의 대본을 만든다. 만들어진 대본에 걸맞는 제목도 정한다.

4. 만들어진 이야기를 중심으로 역할을 나누고 동작들을 구성하면서 장면, 장면의 동작을 완성한다.

5. 만들어진 장면과 어울릴 만한 음악을 찾아 무용극을 완성한다.

활동 5 생각 키우기와 활동소감

● 개미가 되어 보고 무용극을 만들어 본 활동에 대해 이야기 나눈다.

점, 선, 면 그리고 입체

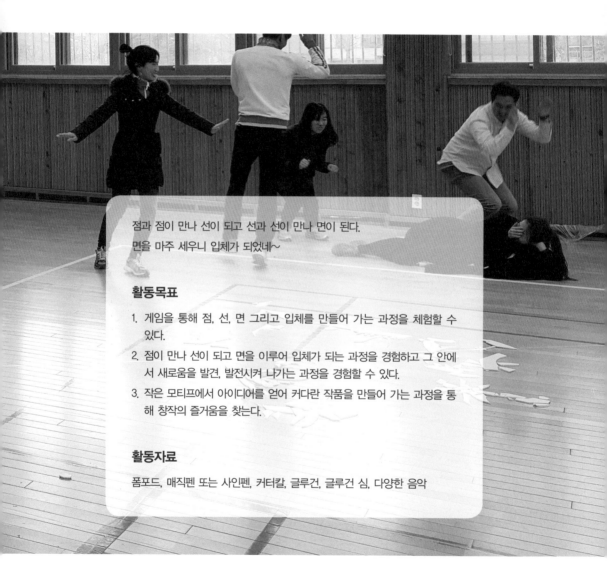

점과 점이 만나 선이 되고 선과 선이 만나 면이 된다.
면을 마주 세우니 입체가 되었네~

활동목표

1. 게임을 통해 점, 선, 면 그리고 입체를 만들어 가는 과정을 체험할 수 있다.
2. 점이 만나 선이 되고 면을 이루어 입체가 되는 과정을 경험하고 그 안에서 새로움을 발견, 발전시켜 나가는 과정을 경험할 수 있다.
3. 작은 모티프에서 아이디어를 얻어 커다란 작품을 만들어 가는 과정을 통해 창작의 즐거움을 찾는다.

활동자료

폼포드, 매직펜 또는 사인펜, 커터칼, 글루건, 글루건 심, 다양한 음악

활동 1 점 그리고 선

1. 참여자 수에 따라 5~6명 정도로 모둠을 나눈다.
2. 모둠별로 폼포드 한 개와 매직펜 또는 사인펜을 나눠 갖는다.
3. 모둠원들끼리 가위바위보를 하고 이긴 사람은 폼포드의 어느 지점을 정해서 다른 지점까지 자유롭게 선을 긋는다.
4. 폼포드가 다 채워질 때까지 점에서 점으로 이어지는 선 긋기를 계속한다.

도움말

폼포드 중간에서 선이 끊기지 않도록 지도한다. 선의 종류는 곡선, 직선, 태극모형이든 다양하게 그려 넣을 수 있도록 한다.
이때 시간이 많지 않을 경우 이긴 사람이 한 명이든 두세 명이든 모두가 선을 그리게 하며 작은 목소리로 서로의 이야기를 나눌 수 있도록 한다.

활동 2 나만의 면을 찾아서

1. 그어진 선은 아주 작은 조각도 남기지 않고 모두 자른다.

2. 잘라진 면에서 여러 조각을 모아 모형을 만든다.

3. 만들어진 모형들을 설명하고 몸으로 표현한다.

4. 다시 모아서 다른 모형을 만들어 본다.

5. 만들어진 조각모형을 개인이 표현하고 모둠별로 친구들의 이야기를 모아 연결하여 스토리를 만든다.

6. 만들어진 스토리에 맞추어 짧은 무용극을 만든다.

7. 모둠별로 발표한다.

활동 3 멋진 조형물을 만들자

1. 글루건을 셋업한다.

2. 모둠별로 만든 면을 모아 주제를 살려 입체 조각상을 만든다.

3. 면을 입체로 만들 때 뼈대(기둥)가 튼튼해야 안전하게 만들어질 수 있음을 설명한다.

4. 입체 조형물이 만들어지면 이미지를 뽑아 모둠별로 표현한다.

5. 다른 각도에서 다시 한 번 실행한다.

6. 면에서 만든 스토리를 토대로 새롭게 이야기를 수정·보완하여 대본을 만든다.

7. 조형물의 이미지와 스토리보드를 토대로 음악을 선정한다.

8. 이야기가 잘 전달될 수 있도록 움직임의 동선과 동작들을 구성한다.

9. 구성된 동작들을 나열하고 극을 구성하여 멋진 우리들만의 이야기로 무용극을 만든다.

활동 4 생각 키우기와 활동소감

- 점에서 출발하여 입체까지의 과정은 어떠했는지 이야기를 나눈다.
- 내가 만든 모형과 친구가 만든 모형을 이어 붙여 이야기를 만들면서 힘들었던 점과 기억에 남는 상황 등에 대한 이야기를 나눈다.

● 비 오는 날은 정말 좋아

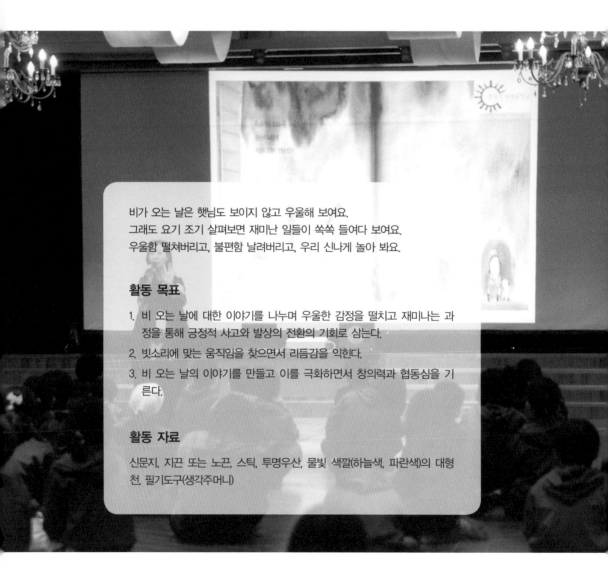

비가 오는 날은 햇님도 보이지 않고 우울해 보여요.
그래도 요기 조기 살펴보면 재미난 일들이 쏙쏙 들여다 보여요.
우울함 떨쳐버리고, 불편함 날려버리고, 우리 신나게 놀아 봐요.

활동 목표

1. 비 오는 날에 대한 이야기를 나누며 우울한 감정을 떨치고 재미나는 과
   정을 통해 긍정적 사고와 발상의 전환의 기회로 삼는다.
2. 빗소리에 맞는 움직임을 찾으면서 리듬감을 익힌다.
3. 비 오는 날의 이야기를 만들고 이를 극화하면서 창의력과 협동심을 기
   른다.

활동 자료

신문지, 지끈 또는 노끈, 스틱, 투명우산, 물빛 색깔(하늘색, 파란색)의 대형
천, 필기도구(생각주머니)

활동 1 빗님 오시는 날

1. 비 오는 날에 있었던 이야기나 비가 오는 날의 기분에 대해 이야기 나눈다.

2. 갑자기 비가 오는 상황에 대해 이야기 나누고 짤막하게 상황극을 만들어 본다.
   "지금 밖에 갑자기 비가 와요. 우리 친구들 아침에 미처 우산을 준비하지 못했어요. 어떻게 집에 갈까요?"라고 교사가 질문하고 참여자에게 대처법을 듣고 상황, 상황을 몸짓으로 표현하게 한다.
   ex) "가방을 쓰고 가요", "하얀 도화지에 크레파스로 칠해 방수효과를 내어 쓰고 가요", "커다란 나뭇잎을 주워 쓰고 갈 거예요" 등등의 답이 나온다.

3. 비가 어디에 떨어지냐에 따라 소리가 어떻게 나는지 이야기 나눈다.
   ex) 자동차 지붕 위, 미끄럼틀 위, 천막지붕 위, 아파트 옥상 위… 등등

4. 비가 닿는 부분의 재질에 따라 빗소리가 다르게 들리는 점을 이야기해 준다. 각자 선택한 장소의 빗소리를 상상하고 그 느낌을 표현한다.

5. 표현된 움직임에 리듬을 넣어 동작을 완성시킨다.

도움말

수업이 저학년일 경우 비오는 날 보는 책을 다같이 보고 수업에 응용하면 표현활동이 더 다양해진다.

활동 2 빗속에서 나만의 리듬놀이

1. 어느 한쪽 끝에서 다른 한쪽에 끈을 묶고 신문지를 잘라 매달아 놓는다.

2. 신문지 사이를 빗속이라 생각하고 빗속에 거닐거나 뛰는 모습으로 빗님을 맞이해 본다.

3. 학교 앞 물웅덩이에서 뛰어놀기
   교사는 "비 오는 날 물웅덩이에서 뛰어놀면 신나겠죠. 그런데 옷을 버리면 엄마한테 꾸중을 들을 수도 있어요. 그래도 우리 신나게 놀아 볼까요?"라고 외치고 비가 와서 물웅덩이가 생긴 상황을 설명해 준다. 강의실을 물웅덩이라 생각하고 우리만의 리듬에 맞춰 신나게 움직이게 한다.
   ex) 쿵쿵 딱 쿵쿵 딱~~~, 구구 궁 딱 구구 궁 딱 등 자진모리 장단이나 휘모리 장단, 3/4 4/4리듬으로 먼저 교사가 움직임을 보여준 후 참여자들이 새로운 리듬의 동작을 만들도록 지도한다.

4. 스틱으로 장단 맞추며 춤춰보기
   스틱을 나눠주고 리듬을 쳐가며 움직임을 만들어 본다.
   스틱끼리 부딪치거나 바닥을 이용하여 리듬을 만들고 발바닥으로 장단의 강약을 조절하며 리듬을 만들어 움직인다.

활동 3 비 오는 날은 정말 좋아

1. 비 오는 날에 생길 수 있는 상황 등에 대해 이야기를 나눈다.

   "비가 와서 집에 있다 게임을 하고 놀았는데 갑자기 블랙홀로 빠져 다른 별에 도착하게 되었어요", "비가 오는 날은 거리의 노숙자들이 우산도 없이 박스나 신문지로 공원을 서성거려요" 등등의 다양한 이야기가 나온다. 처음은 비로 출발하여 전혀 다른 상황으로 전개되어도 무방하다.

2. 모둠별로 나온 이야기 중 하나를 선택하든지 비슷한 이야기를 모아 재구성하여 대본을 만든다.

3. 대본에 필요한 역할을 나누고 우산, 의상, 상황에 맞는 각종 소품을 만든다.

4. 우리 작품에 어울릴 만한 음악을 구성하기.

   빗물 웅덩이에서 놀던 리듬을 그대로 이용해도 좋고 음악을 새로이 구성해도 좋다.

5. 각자의 역할에 맞는 움직임을 구성하고 동선을 만들어 무용극을 완성한다.

활동 **4**   생각 키우기와 활동소감

- 어떤 리듬의 움직임이 재미있었는지 기억에 남는 움직임을 한두 명이 발표한다.
- 작품을 만드는 과정에서의 에피소드를 이야기 나눈다.

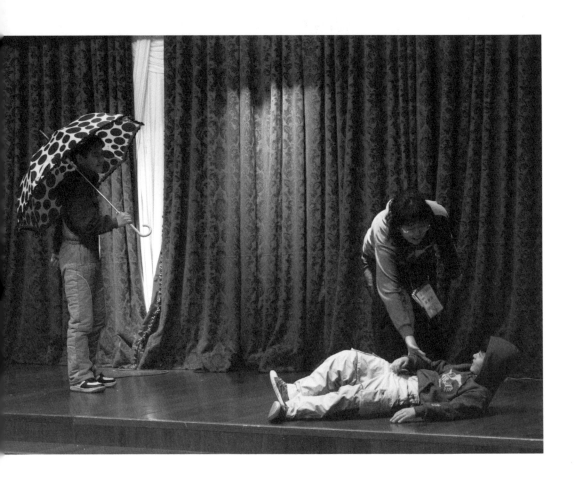

상상력을 발휘하면 어떤 이야기가 펼쳐질까

이야기꾼이 되어요

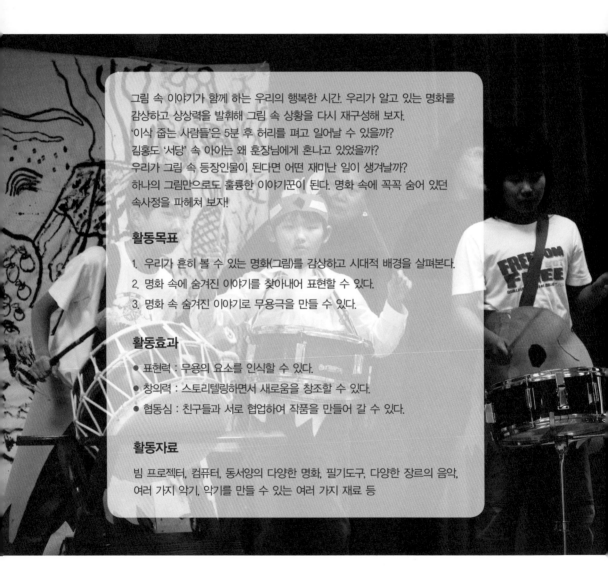

명화 속 숨은그림 찾기

그림 속 이야기가 함께 하는 우리의 행복한 시간. 우리가 알고 있는 명화를
감상하고 상상력을 발휘해 그림 속 상황을 다시 재구성해 보자.
'이삭 줍는 사람들'은 5분 후 허리를 펴고 일어날 수 있을까?
김홍도 '서당' 속 아이는 왜 훈장님에게 혼나고 있었을까?
우리가 그림 속 등장인물이 된다면 어떤 재미난 일이 생겨날까?
하나의 그림만으로도 훌륭한 이야기꾼이 된다. 명화 속에 꼭꼭 숨어 있던
속사정을 파헤쳐 보자!

활동목표

1. 우리가 흔히 볼 수 있는 명화(그림)를 감상하고 시대적 배경을 살펴본다.
2. 명화 속에 숨겨진 이야기를 찾아내어 표현할 수 있다.
3. 명화 속 숨겨진 이야기로 무용극을 만들 수 있다.

활동효과

● 표현력 : 무용의 요소를 인식할 수 있다.
● 창의력 : 스토리텔링하면서 새로움을 창조할 수 있다.
● 협동심 : 친구들과 서로 협업하여 작품을 만들어 갈 수 있다.

활동자료

빔 프로젝터, 컴퓨터, 동서양의 다양한 명화, 필기도구, 다양한 장르의 음악,
여러 가지 악기, 악기를 만들 수 있는 여러 가지 재료 등

활동 1 명화 따라잡기

1. 명화를 감상하고 표현된 기법들과 명화의 시대적 배경에 대해 이야기 나눈다.

2. 명화 속 상황들을 상상해 보고 그 속에 숨겨진 상황을 이야기한다.

3. 명화 속 인물들의 성격과 상황을 파악해 본다.

4. 전체 참여자의 수에 따라 3~4모둠으로 나눈다.

5. 명화 속 5분 전과 5분 후 상황을 정지 모션으로 만들고 5자 토크를 진행한다.

6. 명화 속 5분 전, 5분 후를 나만의 상황극으로 만들어 스토리텔링한다.
   - 명화가 완성되기 전 명화 속 인물들의 5분 전 상황을 설정, 짧은 극으로 만들어 발표한다.
   - 명화 속 5분 후엔 어떤 일들이 벌어질지 상상하여 모둠별로 이야기를 만들고 이를 무용극으로 만들어 발표한다.

활동 2   명화 속 숨은 이야기

1. 전 차시에서 이야기 나눈 명화의 시대적 배경과 상황, 명화 속의 5분 전·후의 상황 등을 토대로 스토리보드를 만든다.

2. 만들어진 스토리보드에 맞춰 동선과 대사, 움직임을 만들어 본다.

3. 무용극 만들기
   전 차시에 만들어진 이야기를 수정·보완하여 스토리가 설명 없이도 전달될 수 있도록 움직임의 구성을 탄탄히 한다.

활동 3 　명화 속 이야기

1. 만들어진 스토리(대본)에 따라 음악을 선정한다.
2. 역할에 따라 개인 소품과 무대소품을 만든다.
3. 음악에 맞춰 명화 그림에 알맞은 동작들의 표현을 모아 우리만의 무용극을 만든다.

활동 4 생각 키우기와 활동소감

- 5분 전, 5분 후 상황극을 만들면서 느낀 점에 대해 이야기 나눈다.
- 명화 속 주인공이 된 기분에 대해 이야기 나눈다.
- 기억에 남는 것은 무엇이었는지 이야기 나눈다.
- 내가 상상한 명화 속 인물은 친구들의 상상과 닮은 점이 있었는지 이야기 나눈다.
- 상황극을 만들면서 어려웠던 점에 대해 이야기 나눈다.

자연과 친구하기

계절의 이미지를 뽑아내고 움직임에 리듬을 입혀 표현해 보자.

활동목표

우리 곁의 소중한 자연에 대해 이해하고 4계절 속에서 뽑아낸 이미지로 무용극을 만들 수 있다.

활동자료

필기도구(생각주머니), 여러 가지 주변 환경물, 각종 악기, 계절에 맞는 음악

활동 1 싱그러운 우리 – 봄

1. 봄에 대한 이미지를 그림이나 글로 연상해 본다.
   ex) 만나다, 느끼다, 표현하다

2. 봄에 대해서 이야기를 나눈다. 활동, 동물, 색감, 자연 변화 등 연상되는 것을 자유롭게 토론한다.

3. 이야기한 주제를 바탕으로 봄에 대한 다양한 이미지를 상상하며 스토리보드를 만든다.

4. 스토리보드를 토대로 역할을 분담하고 자유롭게 몸으로 표현한다.

5. 이야기를 전달할 수 있는 움직임을 만들고 움직임을 극대화시킬 동선을 만들어 무용극을 만든다.
   ex) 꽃, 나비, 해빙, 개구리, 소풍, 새학기

도움말

- 각 계절에 떠오르는 이미지를 그림이나 글로 연상해 본다.
- 계절의 변화에 따라 동네 산자락과 호반 주변을 산책하며 현장학습, 글쓰기(사진, 영상을 통해 계절 이미지를 더 느끼며 상상할 수 있어요) 등을 진행한다.
- 계절에 따라 소리를 찾고 계절의 사물로 악기를 만든다.
  ex) 빗소리, 대나무, 고드름 등등

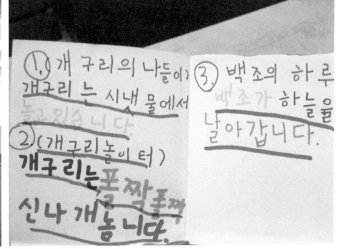

활동 2 신나는 우리 – 여름

1. 여름에 대한 이미지를 그림이나 글로 연상해 본다.
   ex) 보다, 느끼다, 만들다

2. 여름에 대해서 이야기를 나눈다. 활동, 동물, 색감, 자연 변화 등 연상되는 것을 자유롭게 토론한다.

3. 이야기한 주제를 바탕으로 여름에 대한 다양한 이미지를 상상하며 스토리보드를 만든다.

4. 스토리보드를 토대로 역할을 분담하고 자유롭게 몸으로 표현한다.
   ex) 바다, 장마, 정열, 여행, 비, 방학

5. 표현된 동작들을 모아 동선을 구성하고 이야기가 잘 전달될 수 있도록 하여 무용극을 완성한다.

활동 3 춤추는 우리 – 가을

1. 가을에 대한 이미지를 그림이나 글로 연상해 본다.
   ex) 만나다, 느끼다, 표현하다

2. 가을과 관련된 영상을 감상한다.

3. 가을에 대해서 이야기를 나눈다. 활동, 동물, 색감, 자연 변화 등 연상되는 것을 자유롭게 토론한다.

4. 이야기한 주제를 바탕으로 가을에 대한 다양한 이미지를 상상하며 스토리보드를 만든다.

5. 스토리보드에 따라 역할을 분담하고 움직임을 구성한다.

6. 구성되어진 움직임에 극이 잘 전달될 수 있는 음악을 입혀 무용극을 완성한다.

활동 4 반짝이는 우리 – 겨울

1. 겨울에 대한 이미지를 그림이나 글로 연상해 본다.
   ex) 보다, 느끼다, 만들다

2. 겨울에 관련된 영상이나 사진, 그림들을 보고 연상되는 것들에 대해 이야기 나눈다.

3. 겨울에 관련된 이미지를 뽑아 각자 한두 가지의 움직임으로 표현한다.

4. 모둠별로 겨울이야기를 설정 스토리보드를 만든다.

5. 스토리보드에 맞춰 역할을 정하고 우리들만의 겨울이야기를 만든다.

활동 5 생각 키우기와 활동소감

● 사계절 중 인상에 남았던 계절은 어느 계절이었고 왜 그런
지 이야기를 나눈다.

● 다른 모둠의 작품을 본 소감을 나눈다.

특별 기고

즐거움을 찾는 사람들, 다락방에 모이자

즐거움을 찾는 사람들, 다락방에 모이자

시작과 준비

'시작이 반이다.'라는 말이 있다. 시작하는 것이 어렵지 일단 시작하면 끝마치는 것은 그리 어렵지 않다는 뜻을 담은 이 유명한 명제는 '시작'이 '끝'을 결정하는 가장 중요한 것이라고 말해주고 있는 것만 같다. 시작을 반으로 만들기 위해 그 시작을 준비하는 것은 온전히 우리의 몫. 매개자 양성이라는 다소 거창한 포부를 실현시키기 위해서 가장 먼저 준비해야 할 것은 스스로의 마음가짐이었다.

무용과 자기표현이 현대 사회에서 가지는 가치와 의미는 중요하다. 그러나 안타깝게도 음악이나 미술처럼 독립 교과가 형성되어 있는 것도 아니고 이와 관련해서 교육을 할 수 있는 교사도 학교에는 부재한 상황이다. 정서함양이나 창의적 사고발달에 긍정적 영향력을 미치는 것은 분명하나 이를 뒷받침해줄 수업 교안이나 인력은 부재하다.

우리가 원했던 그림은 교육 현장에 무용과 예술교육이 자리잡아 교과목과 접목된 창의교육을 실현하는 것이었다. 미술이나 음악처럼 단독 교과는 아니어도 국어, 과학, 사회, 음악 또는 미술 교과와 연계되어 수업을 할 수 있는 가능성이 무용에는 있다고 생각한다. 그리고 그 결과를 꽃피우기 위해 단단하게 자리를 잡아 뿌리를 내릴 수 있도록 어떻게든 씨앗을 심어야 했다. 그러기 위해서는 무용교육이 우리 아이들에게 그렇게 중요한가에 대한 의문을 떨쳐낼 수 있는 믿음이 필요했다. 그러던 중 '과연 나는 어릴 적 어떤 무용교육을 받았을까?' '배우기는 했었던 걸까?'하는 생각이 문득 들었다. 그러고 보니 나도 아주 못 배운 사람은 아니었나보다. 어린 시절 담

임선생님의 지도하에 꼭두각시 춤과 부채춤도 춰봤으니…. 게다가 운동회라는 나름 그 시절 내 기준으로 큰 무대에도 서 보았고 말이다. 그때의 경험이 나에게 어떤 의미였는가를 생각해 보았다. 누군가에게 보여주기 위해 오와 열을 맞추고 옆에 있는 친구와 부채를 맞붙여 완벽한 파도를 만들기 위해 노력했던 그때를…. 그리 행복한 기억은 아니었다. 추억이라 할 수도 없었다. 누굴 위한 공연인지도 모르고 열심히 순서를 따라갔던 어린 시절의 경험이 이 아이들에게도 일어나게 된다면? 그건 정말 아니지 않아? 그러자 보이는 해답. 그래, 우리 아이들에게는 무용교육이 필요해! 선생님의 감시하에 외운 춤이 아닌 자유롭게 상상할 수 있는 예술교육이! 무용통합교육을 내세워 다多수의 즐거움樂을 찾고 고민하고 탐구訪하기 위한 매개자를 양성하여 문화예술의 인프라가 부족한 우리 지역의 예술에 대한 인식을 개선하기 위한 '다·락·방' 프로젝트. 학교라는 현장에서 아이들에게 배움을 전달하시는 선생님들이 배우는 자리 '다락방'이 그렇게 틀을 잡아가고 있었다.

선생님, 춤추실래요?

이번 프로젝트에 참여할 선생님들을 모집하는 것 또한 우리에게는 고민이라면 고민이었다. 과연 학교 일정으로도 바쁜 선생님들이 방과 후 시간을 선뜻 내어주실까? 선생님들이 과연 무용교육에 대해 호의적으로 생각해주실까? 무슨 일을 하기 전에 발동하고 마는 이 초치는 성격 얼른 고쳐야 하는데 정말 큰일이다. 선생님들을 한 자리에 모으기 위해서는 우리가 하고자 하는 이 프로젝트의 목적부터 분명해야 했고, 그 목적은 분명하게 전할 수 있어야 했다.

　가장 먼저 시작된 것은 당연하게도 학교 방문이었다. 직접 얼굴을 보고 말하면 거절은 못하겠지 하는 마음이었을까? 대표님께서 총대를 메고 선생님들을 만나러 학교에 가셨다. 무용교육이라니 선생님들도 처음엔 사실 부담도 되셨을거다. 무용기반이기는 하나 이를 중심으로 창의교육을 해나갈 예정이라고 강하게 피력할 필요성이 있었다. 다행스럽게도 대표님께서는 이곳 가평에서 오랜 기간 동안 예술교육을 진행해 오셨고 많은 선생님들과 안면이 있으셨기에 프로젝트에 대한 상세한 소개를 전할 수 있었다. 예술현장과 공교육을 연계하는 작업을 통해 지역의 예술교육 기반을 조성하는 뜻깊은 프로젝트가 이번 일이었다. 이것은 우리 단체에도, 선생님들과 학교에도 도전적인 일이 아닐 수 없었다. 우리의 의도를 알아주셨는지 학교 측에서 긍정적인 대답을 들을 수 있었다. 수년 전 교사연수 프로젝트에 참여하셨던 몇몇 선생님들의 강력한 추천에 따라 선생님들의 참여의사는 조금씩 모여지고 있었다. 물론 해당 초등학교의 교무부장 선생님의 추진력도 한몫 했을 것이라고 생각한다.

　평소 예술교육에 관심이 많으셨던건지 참여의사를 보여주신 선생님들 덕분에 프로젝트 일정과 교육을 진행할 모델이 되어줄 학급이 정해졌다. 예상보다는 순탄하게 모집된 20여 명의 현직 초등학교 선생님들과 함께 고민을 나눌 다락방이 시작되었다.

초등학교 강당에서 시작된 아트 커뮤니티

'다락방'이라는 프로젝트의 이름과는 다르게 실제로 프로젝트가 진행된 장소는 대부분 초등학교의 강당이었다. 20여 명의 사람들이 뛰며 구르기에 아무래도 이 동네에서 이만한 장소는 없을 것이다. 다수의 선생님과 소수의 예술인이 강당에 모여 각자 자신을 소개하는 모습이 생소하면서도 이제 뭔가 진짜 시작이구나 하는 생각이 새삼 들었다. 그제야 설레었다. 첫 교육은 몸도 풀고 흥도 낼 수 있는 프로그램을 준비했다. 팔다리 휘휘 저어 가며 출 수 있는 탈춤. 탈춤은 우리에게 익숙하다. 영상매체로도 많이 접해 볼 수 있는데다 실제 교과목에 들어 있는 반갑고도 친숙한 문화유산이다. 본격적인 탈춤 수업에 앞서 탈춤의 유래와 종류 그리고 추어졌던 배경에 대해 알아보았다. 탈춤 수업을 진행해 가는 데 있어 필요한 부분을 하나하나 짚어 가며 수업안을 제시했다. 서로에게 추임새를 던지며 짧은 대사도 만들어 보고 가면에 다양한 표정도 입혀 보았다. 설명이 이어지자 선생님들은 어느새 학생이 되어 경청하고 계셨다.

프로젝터를 활용한 설명을 마친 뒤 선생님들을 위해 준비한 한삼을 꺼내들었다. 정말 춤을 춰야 한다니. 한삼을 양손에 끼워 넣으며 여러 생각이 드셨겠지. "선생님들이 제대로 아셔야 학생들이 따라 출 수 있겠지요?" 진수영 대표님의 원 포인트 레슨이 시작되었다. 경쾌한 탈춤놀이 음악에 맞추어 선생님들의 한삼이 강당에 흩날렸다. 제법 그럴듯한 춤사위를 보이는 선생님들도 몇몇 눈에 띄었다. 물론 세월이 야속한 선생님도 계시긴 했다. 사실 놀랐던 점은 선생님들이 이번 프로젝트에 예상을 뛰어넘는 의욕을 보여주신다는 거였다. '어떻게 쭈뼛거리는 선생님이 없으실 수 있지?' '선생님들이 평소에 이렇게 뛰다니며 놀지 못하셔서 그 한을 오늘 제대로 풀고 가려고 하시는 건가 아니면 평소에도 이렇게 잘 노시나?'하는 생각이 들 정도로 다들 적극적으로 참여해주셨다. 선생님들의 모습을 사진에 담으며 나도 모르게 웃음이 났다. 그날은 퇴근하고 집에 가는 내내 탈춤놀이 노래를 흥얼거렸다.

학생들과 함께 하는 통합예술교육

선생님들의 연수가 절반 정도 지나고 1학년 학생들과 3학년 학생들이 모델이 되어 선생님과 예술 강사가 함께하는 예술교육을 진행하기로 했다. 실제 수업에 연계해서 들어가는 것인 만큼 짧은 수업시간 안에 효율적으로 진행하고 싶다는 생각이 강했다. 수업 준비물을 챙기면서 몇 번이나 똑같은 메모를 적었는지 모른다. 혹시나 빠트리는 것이 있을까봐.

아이들과 하는 수업은 바글바글 와글와글 시끌벅적했다. 이 문장을 적으면서도 귓가로 아이들의 소리가 들리는 듯하다. 아이들의 수업 역시 강당에서 진행했는데 강당의 동굴효과가 그리 큰지 이번에 체감하게 되었다. 교실에서 벗어나니 즐거웠나 보다. 친구들과의 거리도 보통 수업시간보다 가까웠고 자연스럽게 장난이 이어졌다. 아이들의 무질서함을 무작정 막는 것이 능사는 아니었기에 아이들이 이번 수업을 즐길 수 있는 충분한 시간을 주기로 했다. 자유로운 분위기 속에서 진행된 수업이 아이들에게는 어떻게 다가갔을지는 짐작만 해볼 뿐이다. 아이들의 표정은 밝았으니 약간은 우쭐해져도 될거라 생각했다.

1학년들의 수업은 특히나 더욱 기억에 남는다. 노란 체육복을 입고 우르르 들어오는 아이들은 마치 병아리들 같았다. 노란 체육복에 하얀 한삼을 쥔 아이들이 귀여워 수업을 보는 내내 얼마나 흐뭇한 미소를 지었는지 모른다. 엉성한 듯 야무진 듯 동작을 해내는 모습은 보기만 해도 기분이 좋아졌었다.

　하지만 수업의 모든 것이 계획대로만 흘러간다면 지금 우리에게 남는 것은 그리 많지 않았을 거다. 조금의 트러블은 어쩌면 더 좋은 길로 갈 수 있는 기회가 되어주기도 한다. 수업에서 변수가 있다면 그건 아이들 그 자체일 것이다. 어디로 튈지 모르는 자유로운 영혼들이 나로 하여금 한시도 긴장의 끈을 놓지 않게 한다. 다른 친구들이 이리저리 몸을 움직이면서 스트레칭을 하는 동안에 미동도 없이 서 있는 아이가 있을 때도 있었고, 잠깐 쥐어준 한삼의 고무줄을 다른데 눈 돌리는 사이 끊어먹은 아이도 있었다. 내성적인 성격 탓에 친구들 앞에 나서지 못하는 아이도 있었고, 지나치게 활발한 성격으로 여기저기 참견하다 다른 친구들의 원성을 산 아이도 있었다. 참 놀라웠다. 어떻게 이런 교실에 선생님이 한 분뿐인 것인지. 이 아이들을 지도하시고 계시는 선생님들이 한없이 존경스러운 날들이었다. 그렇기 때문에 개성 강한 아이들과 함께 하기 위해서 아이들의 의사를 존중하면서도 수업 내용을 계획에 맞게 진행시킬 수 있는 효과적인 교수안에 대한 고민은 늘 우리의 논제로 떠올랐다.

　수업을 진행하는 동안 선생님들도 함께 적극적으로 참여해주셨다. 예술 강사가 함께 있다고 손 놓고 있지 않기로 한 것이 이번 우리 프로젝트의 약속. 예술 강사진과 선생님은 수업 틈틈이 의견을 주고받으며 실제 수업에서 활용할 수 있도록 수업 교안을 조정해나갔다. 오리엔테이션 겸이었던 연수와 실제 수업은 다르다는 점이 분위기만으로도 느껴졌다.

프로젝트의 마지막 조각 맞추기

어느덧 프로젝트를 마무리해야 할 날이 점점 다가오고 있었다. 그와 비례해서 내 조급증도 점점 높아졌다. 우리가 그동안 어떤 일을 했었지? 어떤 결과를 만들어 낼 수 있는거지? 그렇게 수없이 강조해 왔건만 또다시 망각하고야 만다. 순전히 성과 중심의 사고를 나는 아직 완벽하게 벗어나지는 못했나보다. 예술교육을 기획하면서 과정 중심 창의 사고를 그렇게 주창하면서도 어째서 뭐든 끝날 때쯤엔 결과물부터 생각하고 마는지 조금은 부끄러워진다.

프로젝트의 끝에 다다랐을 때 이번 프로젝트를 서로가 오래도록 기억할 수 있는 시간을 갖기로 했다. 그날은 스트레칭부터가 좀 색달랐다. 서로의 기운을 느끼는 약간은 새로운 방법의 릴렉싱relaxing. 선생님들의 반응부터가 생소해서 부끄럽다는 표정이 역력했다. 눈을 감고 손을 맞대고 온 신경을 집중시켜 서로의 기운을 느껴본다. 그런데 느낀 점도 말해야 하고 설상가상이라고 해야 하나, 그걸 몸으로 표현을 해야 한다. 점점 높아지는 미션에 선생님들은 처음 소고를 잡던 그날만큼 당황하셨으리라. 그래도 잘 해내셨다. 빨려들어 갈 것 같은 느낌 혹은 따뜻했다는 의견이 대부분이었고 자신의 표현 한도 내에서 자신의 느낌을 동작으로 만들어 내셨다. 별 느낌이 없었다거나 혹은 민망했다는 솔직한 의견도 물론 있었다. 왜 그런 식으로밖에 표현을 못하느냐, 거짓이라도 뭔가 좀 있었다고 얘기해봐

라며 강요하는 분위기도 아니었다.

　그렇게 분위기가 유해지고 그동안 무용 동작들은 배워보던 그 전의 시간들과는 달리 자신만의 표현방법을 만들어 보기로 했다. 게임을 통해 잘라낸 조각들을 모아 입체모형을 만들고 그 입체모형에 이야기를 입혀 동작을 만들어 내보기로 했다. 이미 짜여 있던 동작을 따라하는 것에서 벗어나 자신의 표현 능력과 상상력을 펼쳐 보일 수 있는 조금은 어려울 수 있는 주제였을 것이다. 그러나 우리 선생님들이 누구신가. 첫 시간부터 우리를 놀라게 하셨던 열정꾼들이 아닌가. 어디까지 해볼 수 있는가 보여주려고 작정이라도 하셨나보다. 이야기 흐름도 좋았지만 위트가 넘치는 멋진 극을 보여 주셨다.

　"선생님들은 이제 하산하실 준비가 되셨습니다."

프로젝트를 마치며

　시간 참 빨리도 갔다.

　선생님들과 아이들 모두 프로젝트가 끝날 때 웃었으니 나름 괜찮았던 건가. 스트레칭을 하면서 온갖 비명을 질러댔던 아이들이 문득 생각난다. 물론 선생님들도. 현장의 풍경이 하나하나 소중했고 시간이 흐른 뒤에도 새록새록 기억이 날 것 같다.

　다락방 프로젝트로 '그동안의 나는 현장을 조성하고 이를 관찰하는 방관자가 아니었까?'하며 스스로를 되돌아보게 되었다. 이번 프로젝트로 항상 현장과 선을 긋고 궤도를 겉돌기만 하던 내가 그 안으로 뛰어든 것 같은 느낌이

었다.

　평소 나는 스스로를 기획자라고 말하는 것을 쑥스러워했었다. 스스로 뭔가를 해냈다는 느낌이 들지 않았기에 누군가의 공을 가로채는 것 마냥 부끄러웠기 때문이다. 사실 그 생각은 지금도 그리 많이 변하지는 않았다. 교육의 내용은 지난 10여 년간 대표님과 청평문화예술학교가 쌓아온 소중한 성과였고 연구의 결과였으니 말이다. 내가 한 것은 다 된 밥상에 숟가락 얹기 정도라고 생각한다. 그래도 숟가락 얹는 일이라도 했으니 아주 양심이 없는 건 아니겠지 생각해 본다. 하지만 조금은 그런 생각이 들었다. 그동안은 스스로라는 말을 혼자서라는 말로 착각하면서 살았던 것은 아닌지 말이다. 다락방 프로젝트 덕분에 혼자서 뭔가를 해내야 한다는 강박에서 조금 자유로워진 기분이 든다. 함께 하면 더 좋다. 참 좋다.

　무엇보다 다락방 프로젝트로 그동안 한정적으로 이루어져오던 예술교육을 생각해 볼 수 있었던 소중한 시간이었다. 아이들을 모집해서 진행하는 교육과는 분명히 다른 뭔가가 있다. 이 프로젝트로 작지만 가능성의 불씨를 볼 수 있었다. 소중한 기억이다. 선생님들과 보냈던 강당에서의 그 시간들이 계속해서 이어지기를 소망해 본다.

Art stage 다올 기획팀

문종남